Recettes

100% testées

Cuisine pour étudiant rapide et healthy

Et facile

Pour les étudiants par un étudiant

Copyright © 2022 by Mathis DAURIAT

> Éditeur:
>
> Mathis DAURIAT
>
> 34470 Pérols
>
> ISBN : 9798842464210
>
> Dépôt légal : Octobre 2022
>
> Imprimé à la demande par Amazon

Avertissement :

Ce livre est un guide pratique de cuisine dédié à toutes les personnes souhaitant manger sainement, pas cher et facilement.

Tous les droits sont réservés. Aucune partie de ce livre ne peut être reproduite, stockée ou transmise sous quelque forme ou par quelque moyen que ce soit, électronique, mécanique, photocopie, enregistrement, numérisation ou autrement sans l'autorisation écrite de l'éditeur. Il est illégal de copier ce livre, de l'afficher sur un site Web ou de le distribuer par tout autre moyen sans autorisation.

Mathis DAURIAT n'assume aucune responsabilité quant à la persistance ou à l'exactitude des prix estimés mentionnés dans cette publication.

Les désignations utilisées par les entreprises pour distinguer leurs produits sont souvent revendiquées en tant que marques. Tous les noms de marques et noms de produit utilisés dans ce livre et sur sa couverture sont des noms commerciaux, des marques de service, des marques commerciales et des marques déposées de leurs propriétaires respectifs. Les éditeurs et le livre ne sont associés à aucun produit ou fournisseur mentionnés dans ce livre. Aucune des sociétés référencées dans le livre n'a approuvé *(ni désapprouvé)* le livre.

Introduction

Manger sainement et pas cher, c'est possible !

Ce livre est un recueil de recettes, d'astuces et de conseils.

Avoir une bonne nutrition est important pour la santé. On pourrait dire « Bonne nutrition signifie bonne santé ». Également, nous n'avons pas envie de perdre du temps à cuisiner ou/et à chercher les astuces pour économiser. L'optimisation du temps et de la qualité de la cuisine est devenue un critère important dans notre vie.

Fonctionnement du livre

Ce livre est composé de 2 sommaires différents.

Le premier est le sommaire par thématique, vous y retrouverez les recettes triées par entrée, plat et dessert.

Le dernier sommaire est un sommaire vous permettant de visualiser les recettes et de voir celles qui vous donnent envie.

Symbologie :

La symbologie est simple, chaque symbole possède sa signification :

Mode de cuissons :

Parfois, une recette peut être réalisée par deux modes de cuisson différents.

A vous de choisir !

 Utilisation du micro-onde

 Utilisation du four

 Utilisation d'une plaque de cuisson

Type de plat :

 Plat végétarien ou possibilité d'être végétarien

 Plat sans gluten ou peut être sans gluten

Calories du plat :

 Plat faible en calories *(Idéal pour une perte de poids)*

 Plat à calories modérés *(Idéal pour un maintien de condition physique)*

 Plat élevé en calories *(Idéal pour un repas plaisir)*

Astuces et conseils

Afin de manger suffisamment des aliments de bonne qualité et qui restent sain ; il faut souvent utiliser des petites astuces du quotidien.

Il peut paraître difficile d'acheter des bons aliments à faible prix comparés à un repas préparé industriel mais cela est complètement faux. Nous allons voir une liste non exhaustive d'astuces qui vous fera économiser de l'argent tout en améliorant votre alimentation, soit votre santé.

« Où ? »

La première question à se poser est « où » acheter :

Nous avons de la chance car il existe une multitude de magasins où acheter des produits alimentaires.

Voici une liste de magasins en fonction de leurs avantages de prix et de qualité :

• <u>Auchan</u> : **Possède une grande quantité d'articles et une zone discount.**

• <u>Carrefour</u> : **Possède une grande quantité d'articles et beaucoup d'offres en gros et promotionnelles.**

- **Lidl :** Magasin de discount alimentaire à des prix très intéressants et la qualité reste présente en cherchant bien

- **Aldi :** Magasin de discount alimentaire à des prix très intéressants et la qualité reste présente en cherchant bien

Bien évidemment, il existe d'autres magasins mais ceux cités possèdent des bons rapports qualités/prix.

Où chercher dans ces magasins

Les magasins sont vastes et changent souvent de disposition, pour cela il suffit de regarder à certains points-clés de chaque magasin et des rayons.

La hauteur rayon

Dans les rayons, les articles les plus chers se trouvent à la hauteur « moyenne », celle de vos yeux. Regardez un peu plus haut et surtout un peu plus bas. Les articles dans ces deux autres espaces sont souvent moins chers.

Les marques

Les marques alimentaires sont-elles signe de meilleure qualité par rapport aux marques distributeurs ? Parfois « oui » et parfois « non ». Nous devons nous intéresser au « non ». Pour cela, il suffit de comparer les composants, les origines, les colorants, les « ajouts » *(type sucre)*, ...

On retrouve de plus en plus peu de différences entre les « grandes » marques et les distributeurs.

N'hésitez pas à regarder ces informations à l'aide d'applications du type « Yuka » qui sont faciles d'utilisation. Pensez également, à bien regarder les valeurs nutritionnelles.

Vrac ou pas – Prix au kilo

Le vrac est symbole de « moins cher » dans l'esprit commun mais attention à ne pas faire l'erreur. Parfois, il arrive que le vrac ne soit pas le plus intéressant. Il vous suffit de comparer avec le prix au kilo.

Le prix au kilo ou au litre est dans les premiers critères à regarder lors de vos courses. Il est le véritable signe des différences de prix entre deux produits.

Exemple des tranches de jambon : Parfois vous pouvez avoir avec 8 tranches au lieu de 6 tranches avec un paquet du même poids.

Achat en quantité

Acheter par grandes quantités à la place de petites quantités est majoritairement plus rentable économiquement. Les avantages sont nombreux, moins d'emballage, moins cher au kilo, moins d'allers-retours aux courses.
Le désavantage est également la place que cela peut prendre.

Aliments frais | Boîtes de conserve | Surgelés | Aliments secs

Le frais est symbole d'aliment de bonne qualité mais cela n'est pas vraiment vrai.

Économiquement, le frais peut revenir cher et nous oblige à faire régulièrement les courses. En contrepartie les boîtes de conserve et les surgelés sont des très bons compromis économiques et de qualité *(en prenant des aliments simples et non des plats tout prêts).*
Les aliments surgelés sont très souvent de bonne qualité, peu chers mais prennent de l'espace dans le congélateur.
Les aliments en boîte de conserve/sous-vide sont une excellente alternative, ils prennent de la place mais hors du frigo et du congélateur. Ils permettent d'avoir une diversité alimentaire facilement. Malheureusement, les boîtes de conserve sont plus salées que les aliments frais/congelés. Pour cela il suffit de rincer vos aliments en boîte et/ou de ne pas saler votre repas.

Les réductions

Les réductions peuvent être super-avantageuses mais il faut bien reconnaitre les vrais des fausses. Pour cela il suffit de regarder encore une fois le prix au kilo/litre post réduction.

Mais attention suivre les réductions n'est pas toujours valable, ne pas en acheter si vous n'en avez pas besoin, ce n'est pas toujours un bon plan.

Les Drives

Les Drives ne vous feront pas forcément économiser de l'argent au sens direct. Ils évitent de vous tenter d'acheter des choses et font gagner du temps.

Manger avant d'aller aux courses

Il est important de manger avant d'aller faire ses courses. Il est prouvé qu'une personne ayant faim réalisera un plus gros cadi. La faim vous pousse à céder à des tentations non forcément utiles, ni économiques.

Togotogood | Phenix

Parfois, acheter un repas tout prêt, c'est agréable alors pourquoi ne pas aider à réduire le gaspillage ? Les applications du type « Togotogood » sont des applications qui te permettent d'acheter les invendus des restaurants, boulangeries, … Les repas et aliments sont vendus à ⅓ de leur prix soit un repas à 12€ sera à 4€.

Vous pouvez même en acheter aux magasins alimentaires, soit faire vos courses via l'appli. Courses un peu aléatoires du fait que l'on ne sait pas exactement ce que l'on va avoir.

Également, vous pouvez trouver des promotions à -50% dans certains supermarchés quand la date de péremption est proche.

Préparez vos repas en avance
(Gain de temps/argent, liste d'idées recettes semaines)

Préparer vos repas en avance est le principal gain en termes d'économies. Cela permet de gagner beaucoup de temps et d'argent en cuisine. En plus cela évite de se tourner vers un restaurant quand on n'a pas envie de cuisiner sur l'instant.

Il est même intéressant de préparer certains aliments en avance et de les mettre au congélateur.

Par exemple les oignons, couper directement plusieurs oignons et les mettre au congélateur est un réel gain de temps et de motivation dans la cuisine.

Les épluchures

- <u>Peaux de citrons :</u> **Mettez-les dans du vinaigre blanc pour nettoyer votre logement avec.**

- <u>Pommes de terre, carottes, poireaux, ... :</u> **Séchez-les, mixez puis mettez-les avec de l'huile dans un bac à glaçons. Cela fera office de cubes aromatisés pour vos pâtes.**

Limiter les restos

Limiter les restos semble logique quand l'on souhaite économiser sur son budget nourriture. Il reste facile de « craquer » pour un restaurant mais l'addition monte vite face à un repas fait maison.

Les ingrédients de base et les épices

Dans l'ensemble des recettes, il y a des ingrédients récurrents tels que :

- Huile d'olive
- Vinaigre
- Sauce soja

Les épices :

Les épices permettent de personnaliser ses repas. Changer d'épices permet de changer entièrement le plat :

- Citron
- Ail
- Oignon
- Paprika
- Curry
- Sel/poivre
- Curcuma
- Cumin
- Basilic
- Ciboulette
- Persil
- Herbes de Provences
- Muscade
- ...

Les équivalences :

Chaque aliment sec du type riz/pâtes/graines prennent du volume avec la cuisson :

Cru	Aliment	Cuit
40g	Quinoa	×2,5 →100g
40g	Sarasin	×2,5 →100g
30g	Pâtes complètes	×3,5 →100g
30g	Riz complet	×3,5 →100g
30g	Couscous	×3,5 →100g
50g	Avoine	×2 →100g
25g	Boulgour	×4 →100g
40g	Blé	×2,5 →100g
40g	Pois chiche	×2,5 →100g
40g	Lentilles	×2,5 →100g

Sommaire thématique

Petit déjeuners et gouters :
- Bowl chocolaté — P.24
- Bowl myrtille-banane — P.25
- Bowlcake Banane-Chocolat — P.26
- Cookie bowl express — P.27
- Crêpes — P.28
- Granola maison — P.29
- Muesli de flocons d'avoine au chocolat — P.30
- Pancakes à la banane — P.31
- Pancakes healthy — P.32

Entrées et apéritifs :
- Champignons ail fines herbes — P.33
- Concombre à la crème — P.34
- Crackers de surimi — P.35
- Croissants au saumon — P.36
- Feuilletés épinards-chèvre — P.37
- Guacamole — P.38
- Houmous Maison — P.39
- Mayonnaise - 1 minute — P.40
- Mini-pizza courgette — P.41
- Œufs bocconi — P.42
- Œufs mimosa — P.43
- Œufs mimosa avocat — P.44
- Pancakes chèvre-basilic — P.45
- Pois chiches grillés — P.46
- Préfou — P.47
- Rillettes de thon — P.48
- Roulés de concombre-saumon — P.49
- Roulés de jambon ail-fines-herbes — P.50
- Rouleaux feuilletés saucisse — P.51

- Sauce crudité - Curry ... P.52
- Sauce crudité - Fraiche ... P.53
- Taboulé ... P.54
- Tarte à l'italienne ... P.55
- Tarte soleil à la brandade de morue ... P.56
- Tarte soleil au saumon ... P.57
- Terrine de poivron ... P.58

Plats :
- Avocat à l'œuf ... P.59
- Boulettes de riz au thon ... P.60
- Brochette de viande haché ... P.61
- Burger healthy ... P.62
- Carbonara de courge spaghetti ... P.63
- Chakchouka ... P.64
- Cordon bleu aux légumes ... P.65
- Courgette farcie ... P.66
- Croque-monsieur ... P.67
- Croquettes express de pois chiches ... P.68
- Curry de lentilles ... P.69
- Curry madrás ... P.70
- Escalope panée ... P.72
- Feuilletée de viande hachée ... P.73
- Frites à l'ancienne ... P.74
- Frites de carottes ... P.75
- Galettes de légumes ... P.76
- Galettes de pomme de terre ... P.77
- Gâteau salé ... P.78
- Gnocchis à la tomate ... P.79
- Gnocchis de butternut maison ... P.80
- Gnocchis en gratin au saumon fumé et chèvre ... P.81
- Gnocchis de riz ... P.82
- Gnocchis poêlés aux champignons ... P.83
- Gratin d'aubergine et courgette ... P.84

- Gratin dauphinois P.85
- Gratin de patates douces P.86
- Gratin de pommes de terre courgette épinards P.87
- Hachis parmentier de l'étudiant P.89
- Hachis parmentier de patates douces P.90
- Haricots verts à la carbonara P.91
- Jambalaya P.93
- Kritharaki au porc P.93
- Mélange à fajitas P.94
- Nuggets à la poêle P.95
- Œufs à la basquaise P.96
- Œufs cocottes au four P.97
- Patate douce à l'houmous P.98
- Pâtes tomate aubergine P.99
- Pâtes au bœuf tomates P.100
- Pâtes au jambon cru P.101
- Pâtes au saumon P.102
- Pâtes au Tamara P.103
- Pâtes au thon P.104
- Pâtes aux deux courgettes P.105
- Pâtes sauce courge P.106
- Pâtes saumon avocat P.107
- Pizza aux légumes P.108
- Pizza baguette P.109
- Pizza butternut au chèvre miel P.110
- Pizza pain de mie P.111
- Pizza protéinée P.112
- Poêlée de poulet à la provençale P.113
- Poireaux à la carbonara P.114
- Poke maison P.115
- Pommes de terre au four P.116
- Pommes de terre croustillantes P.117
- Pommes de terre farcies P.118
- Pommes duchesse maison P.119
- Porc au caramel facile P.120
- Poulet au miel et à l'ail P.121
- Poulet basquaise P.122

- Poulet coco-curry — P.123
- Poulet tomate accompagné avec des poivrons — P.124
- Purée de courge — P.125
- Purée de pommes de terre - poireaux — P.126
- Quiche aux poireaux — P.127
- Quiche paysanne — P.129
- Quiche saumon épinards et fromage de chèvre — P.130
- Quiche saumon-brocolis — P.131
- Riz au citron — P.132
- Riz au jambon — P.133
- Riz brocolis — P.134
- Riz cantonais — P.135
- Riz courgette et chèvre frais — P.136
- Riz Tex Mex — P.137
- Rôti de porc miel-citron — P.138
- Salade composée — P.139
- Salade grecque — P.140
- Salade légère — P.141
- Saumon cuit au citron — P.142
- Saumon gratiné — P.143
- Sauté de butternut — P.144
- Soupe de pâtes — P.145
- Spaghettis à la carbonara de brocolis — P.146
- Surimi à la crème — P.147
- Surimi à la provençale — P.148
- Sushis étudiant — P.149
- Sushis VIP — P.151
- Tacos Maison — P.153
- Tarte tomates champignons — P.154
- Wok de canard — P.155

Sandwichs :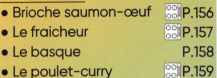
- Brioche saumon-œuf   P.156
- Le fraicheur   P.157
- Le basque   P.158
- Le poulet-curry   P.159
- Le rustique   P.160
- Le saumon   P.161
- Le végé   P.162
- Sandwich protéiné   P.163

Wraps :
- L'aimable   P.164
- Le double poulet-jambon fumé P.165
- Le frais   P.166
- Le poulet-curry   P.167
- Le saumon   P.168
- Le summer   P.169
- Le végan   P.170

Desserts :
- Brownie au chocolat   P.171
- Cake aux pommes   P.172
- Gâteau de crêpes chocolat-cacahuète   P.173
- Panna Cotta   P.174
- Sablés au thé matcha   P.175
- Sirop à la menthe maison   P.177
- Sirop de kumquat maison   P.178
- Yaourt Abricot   P.179

Sommaire photographique

Petits-déjeuners et goûters

Entrées et apéritifs

Plats

P.059	P.060	P.061
P.062	P.063	P.064
P.065	P.066	P.067
P.068	P.069	P.070
P.072	P.073	P.074
P.075	P.076	P.077
P.078	P.079	P.080
P.081	P.082	P.083

P018

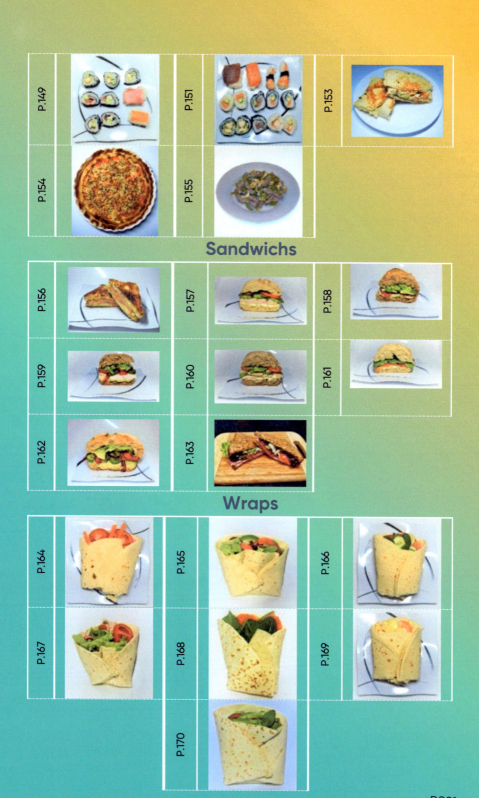

Desserts

P.171	P.172	P.173
P.174	P.175	P.177
P.178	P.179	

Bowl chocolaté

1 Personne ⏳ 5 min

Ingrédients :
- 100g de fromage blanc ou grecque
- 4 – 6 carrés de chocolat noir 70%
- 10g de noix *(d'amandes/noisettes/...)*
- ½ banane
- 20g d'avoine

Étape 1 :
- Faire fondre le chocolat noir
- Mélanger le chocolat avec le fromage blanc

Étape 2 :
- Couper en rondelles la banane
- Disposer les noix, banane et l'avoine dessus

Étape 3 :
- Servir et déguster

Prix : 0,56€

Kcal	282
Protéines (g)	12
Lipides (g)	7
Glucides (g)	24
Portion (g)	155

Bowl myrtille banane

1 Personne ⏳ 5 min

Ingrédients :
- 100g de fromage blanc ou grecque
- 10g de noix *(d'amandes/noisettes/...)*
- ½ banane
- 10 – 15g de myrtilles
- 20g d'avoine

Étape 1 :
- Couper en rondelles la banane
Écraser les myrtilles
Mélanger le fromage blanc et les myrtilles

Étape 2 :
- Disposer les noix, banane, et l'avoine dessus

Étape 3 :
- Servir et déguster

Prix : 0,52€

Kcal	282
Protéines (g)	12
Lipides (g)	7
Glucides (g)	24
Portion (g)	155

BowlCake Banane chocolat avoine

1 Personne   5 min   

Ingrédients :
- 30g de flocons d'avoine
- 15g de chocolat noir
- 1 banane *(bien mure de préférence)*
- 1 œuf
- Une pince de levure ou bicarbonate de soude

Étape 1 :
- Mixer le tout

Étape 2 :
- Mettre dans un bol

Étape 3 :
- Mettre 1min30 au micro-onde

Étape 4 :
- Servir et déguster

Prix : 0,38€

Kcal	416
Protéines (g)	13
Lipides (g)	14
Glucides (g)	60
Portion (g)	255

P025

Cookie bowl express

1 Personne 5 min

Ingrédients :
- 1 œuf
- 2 cuillères à café de sucrant
  (Stevia, sucre blanc, miel, ...)
- 3 cuillères à soupe de lait
- 3 cuillères à soupe de farine
  (Si sans gluten : maïzena)
- 1 cuillère à café de levure chimique
- Quelques pépites de chocolat

Étape 1 :
- Mélanger le tout dans un bol

Étape 2 :
- Mettre le tout au micro-onde pendant 1min30 *(micro-ondes à pleine puissance)*

Étape 3 :
- Servir et déguster

Prix : 0,36€

Kcal	187
Protéines (g)	10
Lipides (g)	9
Glucides (g)	17
Portion (g)	95

P026

Crêpes

3 – 4 Personnes  30 min

Ingrédients :
- 250g de farine
- 0,5L de lait
- 4 œufs
- 2 cuillères à soupe de sucre
- 50g de beurre fondu
- Sel *(une pincée)*

Étape 1 :
- Mélanger la farine, le sucre et le sel dans un saladier
- Rajouter et mélanger les œufs et le lait

Étape 2 :
- Mélanger le tout au batteur ou au fouet

Étape 3 :
- Laisser reposer la pâte pendant 10 minutes

Étape 4 :
- Dans une poêle chaude et huilée, verser un peu de pâte
- Bien étaler la pate

Étape 5 :
- Cuire environ 45 secondes à 1 minute de chaque côté.

Étape 6 :
- Servir et déguster

Prix : 1,74€

Kcal	1 649
Protéines (g)	55
Lipides (g)	70
Glucides (g)	200
Portion (g)	560

P027

Granola maison

3 – 4 Personnes ⏳ 40 min

Ingrédients :
- 350g de flocons d'avoine
- 50g d'amandes
- 60g de chocolat
- 80g de baies sèches
- 4 cuillères à soupe de sirop d'agave
- 1 cuillères à soupe d'huile d'olive

Étape 1 :
- Préchauffer le four à 150°C
- Mélanger les flocons d'avoines, l'huile d'olive et le sirop d'agave

Étape 2 :
- Disposer sur une plaque de cuisson
- Recouvrir de papier cuisson
- Mettre au four pendant 30 minutes

Étape 3 :
- Couper en morceau les amandes et le chocolat
- Rajouter les amandes 5 minutes avant la fin de cuisson

Étape 4 :
- Sortir du four
- Rajouter les baies, le chocolat et mélanger

Étape 5 :
- Servir et déguster

Prix : 2,46€

Kcal	1 681
Protéines (g)	39
Lipides (g)	58
Glucides (g)	250
Portion (g)	430

Muesli de flocons d'avoine au chocolat

1 Personne   5 min

Ingrédients :
- 75g de flocons d'avoine
- 3 – 4 carrés de chocolat noir ou pâtissier

Étape 1 :
- Dans un récipient, mettre les flocons d'avoine et par-dessus les carrés de chocolat
- Mettre 2 – 3 gouttes d'eau sur les carrés de chocolat

Étape 2 :
- Mettre 1 – 2 minutes au micro-onde

Étape 3 :
- Mélanger le tout et déguster

Prix : 0,39€

Kcal	300
Protéines (g)	9
Lipidaes (g)	10
Glucides (g)	48
Portion (g)	80

Pancakes à la banane

1 Personne ⏳ 5 min

Ingrédients :
- 1 œuf
- 1 banane
(bien mure de préférence)
- 30g de farine
- 50cl de lait

Étape 1 :
- Casser l'œuf dans un bol
- Écraser la banane
- Ajouter la banane, la farine et le lait
- Mélanger le tout

Étape 2 :
- Dans une poêle chaude et huilée :
- Verser un peu de pâte
- Cuire environ 1 minutes de chaque côté

Étape 3 :
- Servir et déguster

Prix : 0,39€

Kcal	497
Protéines (g)	29
Lipides (g)	8
Glucides (g)	77
Portion (g)	740

Pancakes healthy

1 Personne   5 min

Ingrédients :
- 1 œuf
- 100g de Skyr
- 35g de farine
- 3cl de lait

Étape 1 :
- Casser l'œuf dans un bol
- Ajouter le skyr, la farine et le lait
- Mélanger le tout

Étape 2 :
- Dans une poêle chaude et huilée :
    Verser un peu de pâte
    Cuire environ 1 minute de chaque côté

Étape 3 :
- Servir et déguster

Prix : 0,69€

Kcal	271
Protéines (g)	18
Lipides (g)	8
Glucides (g)	31
Portion (g)	255

P031

Champignons ail fines herbes

3 – 4 Personnes   10 min

Ingrédients :
- 200g de champignons de Paris
- 100g de fromage ail fines herbes

Étape 1 :
- Laver les champignons

Étape 2 :
- Enlever les queues des champignons
- Mettre le fromage dans les champignons

Étape 3 :
- Mettre au frais et déguster

Astuce : S'il reste du fromage, tremper les queues des champignons dedans.

Prix : 1,80€

Kcal	189
Protéines (g)	12
Lipides (g)	15
Glucides (g)	2
Portion (g)	300g

P032

Concombre à la crème

1 – 3 Personnes 1h30

Ingrédients :
- 1 concombre
- 1 yaourt nature ou 1 verre de fromage blanc
- 1 cuillère à soupe de jus de citron

Épices : poivre, ciboulette et menthe

Étape 1 :
- Éplucher le concombre
- Couper-le en fins morceaux
- Couper finement la ciboulette et la menthe

Étape 2 :
- Mélanger les cubes avec tous les ingrédients

Étape 3 :
- Mettre au frigo 1h30

Étape 4 :
- Servir et déguster

Prix : 1,15€

Kcal	81
Protéines (g)	7
Lipides (g)	2
Glucides (g)	10
Portion (g)	325

Crackers de surimi

1 – 2 Personnes ⏳ 35 min

<u>Ingrédients :</u>
- 9 bâtonnets de surimi
  (0% matière grasse)
- Huile d'olive

Épices : Paprika et ail | Curry *(optionnel)*

Étape 1 :
- Dérouler les bâtonnets
- Préparer le four

Étape 2 :
- Couper les lamelles de 2 à 3 cm de largeur

Étape 3 :
- Mélange avec un filet d'huile d'olive

Étape 4 :
- Disposer sur une plaque pour le four
- Mettre au four pendant 20 – 30 minutes

Étape 5 :
- Servir et déguster

Prix : 1,04€

Kcal	125
Protéines (g)	12
Lipides (g)	4
Glucides (g)	18
Portion (g)	150

P034

Croissants au saumon

2 – 4 Personnes 40 min

Ingrédients :
- 100g de chèvre frais
- 1 œuf
- 1 pâte feuilletée
- 1 cuillère à café de miel
- 200g de saumon

Étape 1 :
- Séparer le jaune du blanc de l'œuf
- Mélanger le blanc d'œuf avec le miel et le fromage
- Préchauffer le four à 180°C

Étape 2 :
- Découper en triangle le pâte feuilletée
- Étaler le mélange de fromage par-dessus
- Étaler le saumon dessus

Étape 3 :
- Rouler les triangles

(Côté le plus large vers le côté le plus fin)

Étape 4 :
- Badigeonner avec le jaune d'œuf
- Mettre au four pendant 20 minutes
- Servir et déguster

Prix : 5,81€

Kcal	1 488
Protéines (g)	73
Lipides (g)	95
Glucides (g)	85
Portion (g)	589

Feuilletés épinards chèvre

2 – 4 Personnes 30 min

Ingrédients :
- 300g d'épinards
- 10cl de crème fraiche épaisse
- 1 buche de chèvre
- 1 œuf
- 1 pâte feuilletée

Épices : ail et poivre

Étape 1 :
- Préchauffer le four à 180°C
- Séparer le blanc et le jaune de l'œuf
- Faire revenir les épinards avec la crème fraiche et le blanc d'œuf 2 – 3 minutes

Étape 2 :
- Découper en 4 la pâte feuilletée

Étape 3 :
- Repartir les épinards sur les 4 morceaux de pâte feuilletée
- Disposer une tranche de buche de fromage de chèvre

Étape 4 :
- Former des petits paquets
- Dorer les feuilletés avec le jaune d'œuf avec un pinceau
- Mettre au four pendant 20 minutes

Étape 5 :
- Servir et déguster

Prix : 5,17€

Kcal	1 495
Protéines (g)	39
Lipides (g)	106
Glucides (g)	96
Portion (g)	740

Guacamole

1 – 2 Personnes 20 min

Ingrédients :
- 1 avocat
- ½ Tomate ou une petite tomate
- ¼ d'oignon rouge
- 1 c. à café d'huile d'olive
- Jus de citron vert

Epices : piment, coriandre, ail, persil, cumin et sel

Étape 1 :
- Couper l'avocat en deux
- Le vider dans un bol

Étape 2 :
- Ecraser l'avocat et couper finement l'oignon rouge

Étape 3 :
- Couper finement la tomate
- Mettre les épices et le jus de citron

Étape 4 :
- Mélanger le tout
- Déguster

Prix : 1,12€

Kcal	458
Protéines (g)	5
Lipides (g)	44
Glucides (g)	10
Portion (g)	275

P037

Houmous maison

4 – 8 Personnes ⏳ 20 min

Ingrédients :
- 1 boite de pois chiches *(500g égoutté)*
- 3 gousses d'ail
- Jus d'un citron
- 6 cuillères à soupe d'huile de sésame
- 6 cuillères à soupe d'huile d'olive
- Huile d'olive
- Sel et poivre

Étape 1 :
- Égoutter les pois-chiches *(garder une petite quantité d'eau de pois-chiches)*

Étape 2 :
- Mixer les pois-chiches avec l'ail, le jus de citron, sel/poivre et l'huile
- Si la texture est trop épaisse, rajouter un peu d'eau des pois chiches

Étape 3 :
- Mettre au frais
- Servir et déguster

Prix : 3,59€

Kcal	1 743
Protéines (g)	45
Lipides (g)	132
Glucides (g)	94
Portion (g)	629

P038

Mayonnaise maison – 1min

2 – 3 Personnes  1 min

Ingrédients :
- 1 œuf
- 5 - 7cl d'huile neutre
- 1 cuillère à soupe de citron
- 1 cuillère à café de moutarde

Étape 1 :
- Mettre le tout dans un récipient *(même forme que celui des photos)*

Étape 2 :
- Mixer en remontant

Étape 3 :
- Mettre au frigo *(minimum 30min)*

Étape 4 :
- Servir et déguster

Prix : 0,41€

Kcal	989
Protéines (g)	8
Lipides (g)	97
Glucides (g)	1
Portion (g)	150

P039

Mini-pizza courgette

2 – 4 Personnes ⏳ 30 min

Ingrédients :
- 2 courgettes
- 100g de purée de tomate
- Guile d'olive
- 4 – 6 tranches de jambon cuit *(ou autre viande)*
- 50g de mozzarella râpée

Étape 1 :
- Couper des rondelles de taille moyenne de courgette (1cm)
- Préchauffer le four à 180°

Étape 2 :
- Badigeonner légèrement les tranches avec de l'huile d'olive des deux cotés
- Disposer sur une plaque de four

Étape 3 :
- Etaler la purée de tomate sur les tranches
- Disposer le jambon en morceau sur les tranches
- Disposer le fromage sur les tranches

Étape 4 :
- Mettre au four 15 à 20 minutes

Prix : 2,35€

Kcal	394
Protéines (g)	28
Lipides (g)	16
Glucides (g)	34
Portion (g)	810

Œuf bocconi

4 Personnes 20 min

Ingrédients :
- 4 œufs
- 40g de parmesan râpé
- Sel et poivre

Étape 1 :
- Casser les œufs et séparer les blancs des jaunes
- Préchauffer le four à 180°C

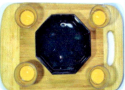

Étape 2 :
- Monter en neige les blancs d'œufs

Étape 3 :
- Incorporez délicatement le parmesan dans les blancs

Étape 4 :
- Remplir les fonds de 4 ramequins avec les blancs d'œufs

Étape 5 :
- Déposez au centre les jaunes d'œufs

Étape 6 :
- Recouvrir le tout du reste des blancs

Étape 7 :
- Enfourner 5 minutes au four

Prix : 1,12€

Kcal	502
Protéines (g)	44
Lipides (g)	36
Glucides (g)	1
Portion (g)	280

Oeufs mimoza

2 – 4 Personnes ⏳ 20 min

Ingrédients :
- 4 œufs
- 3 cuillères à soupe de mayonnaise

Décoration : paprika et persil

Étape 1 :
- Faire cuire les œufs dans de l'eau bouillante pendant 10 minutes
- Puis laisser les refroidir

Étape 2 :
- Couper les œufs en deux
- Mettre le jaune d'œuf dans un bol

Étape 3 :
- Rajouter la mayonnaise dans le bol
- Ecraser et mélanger avec une fourchette

Étape 4 :
- Mettre la préparation dans le blanc d'œuf
- Décorer et servir

Étape 5 :
- Déguster

Prix : 0,65€

Kcal	562
Protéines (g)	30
Lipides (g)	49
Glucides (g)	1
Portion (g)	270

P042

Œufs mimosa avocat

3 – 4 Personnes 20 min

Ingrédients :
- 6 œufs
- 1 avocat bien mûr
- 20g de mayonnaise allégée

Étape 1 :
- Cuire les œufs 10 minutes dans de l'eau bouillante
- Les tremper dans de l'eau froide
- Retirer la coquille

Étape 2 :
- Couper l'avocat en deux
- L'écraser et le mélanger avec la mayonnaise

Étape 3 :
- Couper en deux les œufs durs

Étape 4 :
- Retirer le jaune des œufs
- Mélanger les jaunes avec le mélange d'avocat

Étape 5 :
- Remplir les œufs avec le mélange

Étape 6 :
- Servir et déguster

Prix : 1,72€

Kcal	1 033
Protéines (g)	49
Lipides (g)	88
Glucides (g)	10
Portion (g)	580

P043

Pancakes chèvre frais et basilic

1 – 2 Personnes ⏳ 15 min

Ingrédients :
- 2 œufs
- 3 cuillères à soupe de chèvre frais
- 2 cuillères à soupe de fromage blanc
- 4 cuillères à soupe de farine
- Basilic
- 1 pincée de levure chimique ou de bicarbonate

Étape 1 :
- Laver et couper finement le basilic

Étape 2 :
- Mélanger tous les ingrédients

Étape 3 :
- Cuire à feux doux des petites quantités 3 minutes de chaque coté

Étape 4 :
- Servir et déguster

Prix : 0,52€

Kcal	381
Protéines (g)	24
Lipides (g)	18
Glucides (g)	31
Portion (g)	210

Pois chiches grillés

2 – 6 Personnes  45 min

Ingrédients :
- 1 boite de pois chiches *(≈400g)*
- Huile d'olive
Epices : paprika, curry et sel.

Étape 1 :
- Vider le bocal
- Rincer et égoutter les pois chiches
- Préchauffer le four à 180°

Étape 2 :
- Dans un récipient, mélanger les épices, les pois chiches avec un peu d'huile d'olive.

Étape 3 :
- Disposer les pois chiches sur une plaque du four
- Mettre au four pendant 35 minutes

Étape 4 :
- Servir et déguster

Prix : 2,76€

Kcal	981
Protéines (g)	36
Lipides (g)	60
Glucides (g)	75
Portion (g)	450

Préfou

4 – 6 Personnes 20 min

Ingrédients :
- 4 gousses d'ail
- 2 demi-baguettes précuites
- 100g de beurre
- 20g de Persil

Étape 1 :
- Couper l'ail finement

Étape 2 :
- Prendre le beurre à température ambiant
- Mélanger le beurre avec le persil et l'ail

Étape 3 :
- Préchauffer le four à 180°
- Couper les baguettes en deux

Étape 4 :
- Etaler le beurre sur un des cotés de chaque pain
- Rassembler les deux parties
- Mettre au four 10 minutes

Étape 5 :
Servir encore chaud et déguster

Prix : 1,76€

Kcal	1 420
Protéines (g)	22
Lipides (g)	86
Glucides (g)	141
Portion (g)	382

Rillettes de thon

2 – 4 Personnes 5 min

Ingrédients :
- **50% thon / 50% fromage frais**
- Epices *(optionnel)* : ciboulette, persil et citron

Étape 1 :
- Mélanger le thon, le fromage frais et les épices.

Étape 2 :
- Servir et déguster

Prix : xx,xx€

Kcal	138
Protéines (g)	16
Lipides (g)	8
Glucides (g)	1
Portion (g)	100

P047

Roulés de concombre saumon

2 – 4 Personnes 20 min

Ingrédients :
- 1 concombre
- 180g de tranche de saumon
- 150g de fromage frais à tartiner nature

Étape 1 :
- Eplucher le concombre
- Couper-le en fines tranches dans le sens de la longueur
- Disposer les tranches légèrement superposées sur un papier absorbant *(sopalin)*

Étape 2 :
- Déposer par-dessus les tranches de concombre puis le retirer
- Réitérer plusieurs fois pour bien sécher les tranches

Étape 3 :
- Etaler le fromage frais sur les tranches de concombre
- Disposer le saumon sur le fromage

Étape 4 :
- Rouler le tout et maintenir avec des piques en bois
- Couper en réalisant des rondelles

Étape 5 :
- Servir et déguster

Prix : 5,43€

Kcal	586
Protéines (g)	51
Lipides (g)	40
Glucides (g)	6
Portion (g)	530

Roulés de jambon ail fines herbes

1 Personne 5 min

Ingrédients :
- 1 tranche de jambon
- 1 cuillère à soupe de fromage ail fines herbes

Étape 1 :
- Etaler la tranche de jambon sur une planche à découper

Étape 2 :
- Disposer le fromage dessus

Étape 3 :
- Rouler le jambon

Étape 4 :
- Couper en rondelle et servir

Étape 5 :
- Déguster

Prix : 0,35€

Kcal	155
Protéines (g)	9
Lipides (g)	13
Glucides (g)	1
Portion (g)	65

P049

Rouleaux feuilletés saucisse

3 – 4 Personnes 15 min

Ingrédients :
- 6 Knackis
- 1 Pâte feuilletée

Étape 1 :
- Rincer les saucisses pour enlever le surplus du sel
- Préchauffer le four à 180°

Étape 2 :
- Entourer les saucisses de pâte feuilletée

Étape 3 :
- Couper en petits morceaux

Étape 4 :
- Mettre au four pendant 10 minutes

Étape 5 :
- Servir et déguster

Prix : 1,74€

Kcal	1 555
Protéines (g)	42
Lipides (g)	115
Glucides (g)	88
Portion (g)	470

P050

Sauce crudité - Curry

2 – 4 Personnes 5 min

Ingrédients :
- 50g de yaourt
- 1 cuillère à café de moutarde
- 1 cuillère à café de curry

Étape 1 :
- Mélanger le tout

Étape 2 :
- Servir dans un bol et déguster avec des batônnets de légumes

Prix : 0,10€

Kcal	32
Protéines (g)	3
Lipides (g)	1
Glucides (g)	3
Portion (g)	60

P051

Sauce crudité - Fraiche

2 – 4 Personnes 5 min

Ingrédients :
- 50g de yaourt
- 1 cuillère à café de citron
- 1 cuillère à café d'huile
- Herbes fraiches : ciboulette et persil

Étape 1 :
- Laver et couper finement les herbes

Étape 2 :
- Mélanger le tout

Étape 3 :
- Servir dans un bol et déguster avec des batônnets de légumes

Prix : 0,09€

Kcal	25
Protéines (g)	3
Lipides (g)	3
Glucides (g)	2
Portion (g)	51

Taboulé

3 – 4 Personnes 20 min

Ingrédients :
- 1 verre de semoule
- 3 tomates
- 2 poivrons
- ½ concombre
- 150g de dés de jambon
- 1 citron

Épices : menthe, persil et ciboulette

Étape 1 :
- Mettre la semoule avec 2 ou 3 fois son volume d'eau

Étape 2 :
- Couper finement les tomates, poivrons et le demi-concombre

Étape 3 :
- Mélanger la semoule, les légumes, le jambon et les épices
- Presser le citron et verser son jus sur le taboulé

Étape 4 :
- Mettre 2h au frigo
- Servir et déguster

Prix : 2,78€

Kcal	1 031
Protéines (g)	57
Lipides (g)	16
Glucides (g)	166
Portion (g)	1,2 kg

P053

Tarte à l'italienne

3 – 4 Personnes 45 min

Ingrédients :
- 1 pâte feuilletée
- 20cl de purée de tomates
- 18 tranches de coppa/viande de grison/bacon
- 200g de mozzarella allégée en tranche

Étape 1 :
- Étaler la pâte
- Découper en étoile au centre de celle-ci
- Préchauffer le four

Étape 2 :
- Étaler la purée de tomates
- Disposer la mozzarella puis la viande

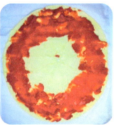

Étape 3 :
- Replier l'intérieur vers l'extérieur

Étape 4 :
- Mettre au four 20 à 30 minutes

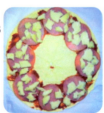

Étape 5 :
- Servir et déguster

Prix : 7,46€

Kcal	1 697
Protéines (g)	72
Lipides (g)	83
Glucides (g)	123
Portion (g)	670

Tarte soleil a la brandade de morue

2 – 4 Personnes ⏳ 30 min

Ingrédients :
- 2 pâtes feuilletées
- 1 boite de brandade de morue *(190g)*

Étape 1 :
- Disposer la première pâte feuilletée
- Etaler la brandade de morue sur la pâte

Étape 2 :
- Disposer la deuxième pâte feuilletée sur le tout

Étape 3 :
- Disposer un verre au centre
- Couper des parts

Étape 4 :
- Rouler chacune des parts

Étape 5 :
- Mettre au four 20 minutes

Étape 6 :
- Servir et déguster

Prix : 4,50€

Kcal	2 026
Protéines (g)	88
Lipides (g)	112
Glucides (g)	166
Portion (g)	650

Tarte soleil au saumon

3 – 4 Personnes 30 min

Ingrédients :
- 2 pâtes feuilletées
- 200g de tranches de saumon fumée
- 10cl de crème fraiche

Étape 1 :
- Disposer la première pâte feuilletée
- Etaler la crème fraiche puis le saumon

Étape 2 :
- Disposer la deuxième pâte feuilletée sur le tout

Étape 3 :
- Disposer un verre au centre
- Couper des parts

Étape 4 :
- Rouler chacune des parts

Étape 5 :
- Mettre au four 20 minutes

Étape 6 :
- Servir et déguster

Prix : 5,54€

Kcal	2 459
Protéines (g)	72
Lipides (g)	166
Glucides (g)	169
Portion (g)	760

Terrine de poivron

3 – 4 Personnes 20 min

Ingrédients :
- 1 poivron rouge
- 150g de fromage frais *(St-Morret)*

Épices : poivre, ail, piment et paprika

Étape 1 :
- Laver et couper en lamelles le poivron

Étape 2 :
- Faire revenir pendant 10 minutes le poivron

Étape 3 :
- Mixer le poivron
- Mélanger avec le fromage frais

Étape 4 :
- Servir et déguster

Prix : 1,29€

Kcal	273
Protéines (g)	13
Lipides (g)	21
Glucides (g)	8
Portion (g)	300

P057

Avocat à l'œuf

2 Personnes ⏳ 30 min

Ingrédients :
- 2 œufs *(petit calibre)*
- 1 avocat

Étape 1 :
- Préchauffer le four à 180°C
- Couper l'avocat en deux
- Mettre un œuf dans chaque moitié d'avocat

Étape 2 :
- Mettre au four 20 minutes

Étape 3 :
- Servir et déguster

Prix : 1,06€

Kcal	23 745
Protéines (g)	0
Lipides (g)	0
Glucides (g)	59
Portion (g)	60

Boulettes de riz au thon

1 – 2 Personnes 45 min

Ingrédients :
- 175g de thon au naturel
- 300g de riz blanc cuit ou riz à sushi
- 1 cuillère à café de sauce soja
- 1 cuillère à café d'huile de sésame
- 1 cuillère à café de sauce huitre

Étape 1 :
- Emietter le thon

Étape 2 :
- Mélanger le tout

Étape 3 :
- Former des boulettes
- Placer au frigo pendant minimum 30 minutes

Étape 4 :
- Servir et déguster

Prix : 2,03€

Kcal	893
Protéines (g)	59
Lipides (g)	5
Glucides (g)	154
Portion (g)	479

Brochette de viande haché

1 – 2 Personnes 15 min

Ingrédients :
- 250g de viande hachée 5%
- Piques à brochette

Étape 1 :
- Réaliser un boudin avec la viande hachée
- Piquer avec la pique à brochette
- Compresser bien la viande pour éviter qu'elle se détruise lors de la cuisson.

Étape 2 :
- Cuire 3 minutes de chaque côté à la poêle *(3min × 4 cotés)*

Étape 3 :
- Servir et déguster

Prix : 2,20€

Kcal	399
Protéines (g)	70
Lipides (g)	12
Glucides (g)	2
Portion (g)	250

Burger healthy

1 personne 15 min

Ingrédients :
- 1 steak haché 5%
- 1 pain burger
- 1 tranche de buche de fromage de chèvre
- 1 gros cornichon
- ¼ d'avocat *(bien mûr)*
- 1 tranche de jambon cru
- 2 tranches de tomates
- De la salade croquante

Étape 1 :
- Cuire le steak haché
- Sur la fin de la cuisson, disposer le fromage et recouvrir la poêle

(cela permet au fromage de fondre plus vite)

Étape 2 :
- Faire revenir le jambon cru en petits morceaux

Étape 3 :
- Faire griller les pains burger *(optionnel)*

Étape 4 :
- Disposer selon cet ordre :
  - Pain burger *(du bas)*
  - Steak haché + fromage
  - Jambon cru
  - Tomates
  - Cornichon
  - Salade
  - Avocat écrasé
  - Pain burger *(du haut)*

Étape 5 :
Servir et déguster

Prix : 2,06€

Kcal	542
Protéines (g)	35
Lipides (g)	25
Glucides (g)	40
Portion (g)	256,5

Carbonara de courge spaghetti

2 – 3 Personnes 1h

Ingrédients :
- 100g d'allumettes de jambon
- 100g de lardon
- 1 oignon
- 1 courge spaghetti
- 20cl de crème fraiche semi épaisse

Épices : poivre et ail

Étape 1 :
- Préchauffer le four à 180°C
- Couper la courge en deux
- Mettre les deux moitiés au four pendant 30 - 40 minutes

Étape 2 :
- Sortir la courge du four
- Gratter l'intérieur avec une courge pour récupérer l'intérieur de celle-ci

Étape 3 :
- Couper l'oignon en morceau

Étape 4 :
- Faire revenir 3 minutes les lardons et les lamelles de jambons
- Ajouter l'oignon
- Faire revenir 5 minutes
- Ajouter la sauce
- Faire revenir 2 minutes

Étape 5 :
- Ajouter la courge
- Mélanger le tout

Etape 6 :
- Servir et déguster

Prix : 4,43€

Kcal	1 109
Protéines (g)	41
Lipides (g)	99
Glucides (g)	14
Portion (g)	1 kg

P062

Chakchouka

2 – 4 Personnes 20 min

Ingrédients :
- 1 poivron rouge
- 1 poivron vert
- 6 tomates
- 1 oignon
- 4 œufs
- 2 gousses d'ail

Étape 1 :
- Couper finement l'ail et l'oignon

Étape 2 :
- Couper les tomates et les poivrons grossièrement

Étape 3 :
- Cuire l'oignon et l'ail pendant 3 minutes
- Cuire les poivrons et les tomates pendant 30 minutes à feu doux

Étape 4 :
- Casser et disposer les œufs dans le plat
- Couvrir et laisser cuire pendant 5 minutes

Étape 5 :
- Servir et déguster

Prix : 2,86€

Kcal	552
Protéines (g)	38
Lipides (g)	28
Glucides (g)	37
Portion (g)	1,2kg

Cordon bleu aux légumes

X Personnes 2h

Ingrédients :
- Des restes de légumes
(Pommes de terre en purée/Courgette/…)
- Fromage *(mozzarella ou brie)*
- Jambon
- Chapelure ou son d'avoine

Étape 1 :
- Etaler les légumes sur un film plastique
- Disposer une ½ tranche de jambon et un morceau de fromage
- Replier une partie sur l'autre avec le film plastique
- Mettre au frigo minimum 3h

Étape 2 :
- Mélanger de la farine et de l'eau à volume égal
- Retirer le film plastique du cordon bleu
- Disposer du son d'avoine dans une assiette

Étape 3 :
- Plonger le cordon bleu dans le mélange eau/farine
- Recouvrir le cordon bleu de son d'avoine

Étape 4 :
- Dans une poêle bien chaude avec du beurre, faire revenir 5 à 10 minutes le cordon bleu
- Servir et déguster

Pour un cordon bleu à la patate :

Pour :
100g de pomme de terre
20g de jambon
20g de mozzarella

Prix : 0,32€

Kcal	170
Protéines (g)	10
Lipides (g)	6
Glucides (g)	20
Portion (g)	140

Courgette farcie

2 Personnes — 20 min

Ingrédients :
- 1 courgette
- ¼ oignon rouge
- 250g de viande hachée 5%

(Peut venir varier selon la taille de la courgette)
- Décoration : Persil

Étape 1 :
- Laver et couper en deux la courgette
- Préchauffer le four à 180°

Étape 2 :
- Creuser la courgette à l'aide d'une cuillère à soupe

Étape 3 :
- Mixer la viande hachée avec l'oignon de la chaire retirée de la courgette

Étape 4 :
- Remplir les moitiés de courgettes avec la pâte obtenue
- Mettre au four pendant 45 minutes

Étape 5 :
- Servir et déguster

Prix : 4,10€

Kcal	442
Protéines (g)	72
Lipides (g)	13
Glucides (g)	10
Portion (g)	560

Croque-monsieur

1 Personne 5 min

Ingrédients :
- 2 tranches de pain de mie
- 1 tranche de jambon
- 5g de beurre
- 5g de gruyère râpé

Étape 1 :
- Mettre une poêle à chauffer avec du beurre

Étape 2 :
- Disposer le croque-monsieur dans cet ordre :
    - Pain *(beurré légèrement)*
    - Jambon
    - Fromage
    - Pain

Étape 3 :
- Mettre le croque-monsieur 2 minutes de chaque coté

Étape 4 :
- Servir et déguster

Prix : 0,39€

Kcal	263
Protéines (g)	10
Lipides (g)	8
Glucides (g)	37
Portion (g)	100

Croquettes express de pois chiches

2 – 4 Personnes 20 min

Ingrédients :
- 400g de pois chiches en bocal
- 1 œuf
- 3 cuillères à soupe de farine
- 3 cuillères à soupe de graine de sésame
- Un peu d'huile d'olive

Épices : ail, coriandre, sel et poivre

Étape 1 :
- Egoutter les pois chiches

Étape 2 :
- Mélanger les pois chiches, l'œuf, la coriandre, l'ail et la moitié des sésames
- Mixer le tout

Étape 3 :
- Rajouter un peu de farine pour obtenir une pâte malléable
- Former des boulettes manuellement

Étape 4 :
- Faire revenir légèrement les boulettes

Étape 5 :
- Dresser avec le sésame et un peu de coriandre
- Servir et déguster

Prix : 3,04€

Kcal	949
Protéines (g)	45
Lipides (g)	26
Glucides (g)	134
Portion (g)	460

P067

Curry de lentilles

1 – 2 Personnes 30 min

Ingrédients :
- 1 oignon
- 4 gousses d'ail
- 2 carottes
- 150ml de lait de coco
- 70g de concentré de tomates
- 1 boite de lentilles *(240g net)*
- ½ boite de pois chiches *(250g net)*
- ½ boite d'haricots rouges *(250g net)*
- 200ml de pulpe de tomates

Épices : Curry et paprika

Étape 1 :
- Couper les carottes en dés, les gousses d'ail et l'oignon en morceaux

Étape 2 :
- Faire revenir l'oignon avec les épices puis rajouter l'ensemble des aliments.
- Laisser revenir le tout 10 – 20 minutes

Étape 3 :
- Servir et déguster

Prix : 6,61€

Kcal	2 157
Protéines (g)	125
Lipides (g)	45
Glucides (g)	314
Portion (g)	1 560

P068

Curry Madras

3 – 4 Personnes 50 min

Ingrédients :
- 1 petit chou-fleur
- 2 tomates
- 1 oignon rouge
- 1 citron vert
- 1 poivron rouge
- 1 piment rouge
- 20cl de lait de coco *(épais)*
- 100g de Pâte de curry madras *(purée de tomates, curry, ail et poivre)*

Accompagnements :
- 300g de riz
- 300g de viande blanche *(poulet, porc, ...)*

Étape 1 :
- Laver et couper finement les tomates, le poivron, l'oignon et le chou-fleur.

Étape 2 :
- Couper le piment en deux
- Retirer les graines
- Couper le finement

Étape 3 :
- Mettre un peu d'huile dans une sauteuse/wok
- Mettre à chauffer et rajouter les légumes.
- Presser le citron

• Cuire à haute température en remuant régulièrement pendant 15 – 20 minutes

Étape 4 :
• Rajouter la pâte de curry et le lait de coco
• Laisser cuire pendant 10 minutes couvert.

Étape 5 :
• Servir accompagner de riz et d'une viande blanche et déguster

Prix : 5,71€

Kcal	1 790
Protéines (g)	88
Lipides (g)	76
Glucides (g)	190
Portion (g)	1 588

Escalope panée

3 – 4 Personnes 15 min

Ingrédients :
- 4 escalopes panées *(500g)*
- 2 œufs
- 20cl de lait *(optionnel)*
- 100g de son d'avoine ou de flocons d'avoine mixés

Étape 1 :
- Casser les œufs
- Ajouter le lait
- Mélanger le tout

Étape 2 :
- Tremper les escalopes dans le mélange œufs/lait

Étape 3 :
- Disposer le son d'avoine dans une assiette
- Tremper les escalopes dans le son d'avoines des deux cotés

Étape 4 :
- Faire saisir dans une poêle avec un fond de matières grasses 5 minutes de chaque coté

Étape 5 *(optionnel)* :
- S'il vous reste du mélange œufs/lait et du son d'avoine :
  - Mélanger le tout en omelette
  - Cuire dans une poêle

Étape 6 :
- Servir et déguster

Prix : 8,38€

Kcal	1 365
Protéines (g)	178
Lipides (g)	40
Glucides (g)	66
Portion (g)	11

Feuilleté de viande hachée

1 Personne ⏳ 20 min

Ingrédients :
- ½ pâte feuilletée
- 150g de viande hachée 5%
- 125g de fromage (*mozzarella*)

Étape 1 :
- Etaler la demi-pâte feuilletée
- Mettre le four à préchauffer à 180°

Étape 2 :
- Disposer la viande hachée puis le fromage

Étape 3 :
- Refermer la pâte
- Mettre au four 30min

Étape 4 :
- Servir et déguster

Prix : 2,32€

Kcal	1 037
Protéines (g)	74
Lipides (g)	63
Glucides (g)	45
Portion (g)	390

P072

Frites à l'ancienne

4 – 6 Personnes 20 min

Ingrédients :
- 1 kg de pommes de terre
- Huile d'olive
- Epices : Poivre, ail, paprika, curry et thym

Étape 1 :
- Laver les pommes de terre
- Couper les en frites

Étape 2 :
- Mettre les épices et de l'huile d'olive sur les frites.
- Bien mélanger

Étape 3 :
- Mettre au four 30 – 40 minutes et remuer à mi-cuisson
- Ou mettre à la friteuse à air 40 minutes et remuer à mi-cuisson
- Ou cuire à la poêle en laissant bien griller

Étape 4 :
- Déguster

Prix : 1,06€

Kcal	1 129
Protéines (g)	21
Lipides (g)	32
Glucides (g)	190
Portion (g)	1 030

P073

Frites de carottes

2 – 4 Personnes ⏳ 40 min

Ingrédients :
- 8 carottes
- 5cl d'huile d'olive
- Épices : curry, poivre, ail et sel

Étape 1 :
- Préchauffer le four à 180°C
- Couper les carottes en frites

Étape 2 :
- Mélanger les frites de carottes avec l'huile et les épices

Étape 3 :
- Etaler sur une plaque pour mettre au four
- Mettre au four 30 minutes

Étape 4 :
- Servir et déguster

Prix : 1,12€

Kcal	655
Protéines (g)	6
Lipides (g)	52
Glucides (g)	41
Portion (g)	850

P074

Galettes de légumes

3 – 4 Personnes ⏳ 20 min

Ingrédients :
- 4 carottes
- 4 pommes de terre
- 3 œufs
- Des épices : poivre, ail, paprika, ...

Il est possible de rajouter d'autres légumes
(petits pois, épinards, brocolis, chou-fleur, ...)

Étape 1 :
- Laver et râper les carottes et les pommes de terre
- Mettre le tout à tremper 5 minutes
- Puis égoutter sur un torchon

Étape 2 :
- Dans un bol/saladier, ajouter 2 œufs aux légumes râpés et les épices
- Mélanger le tout

Étape 3 :
- Former des galettes
- Faire cuire à la poêle de chaque coté

Étape 4 :
- Servir et déguster

Prix : 0,90€

Kcal	400
Protéines (g)	32
Lipides (g)	26
Glucides (g)	10
Portion (g)	418

Galettes de pomme de terre

2 – 4 Personnes 20 min

Ingrédients :
- 400g de pommes de terre
- 4 cuillères à soupe de farine/maïzena
- 2 œufs
- Huile de colza/tournesol

Epices : paprika, poivre et ail

Étape 1 :
- Laver et râper les pommes de terre

Étape 2 :
- Rincer les pommes de terre râpées dans de l'eau
- Mettre à égoutter sur un chiffon pendant 10min

Étape 3 :
- Mélanger les œufs/épices/pommes de terre/farine

Étape 4 :
- Mettre l'huile à chauffer dans un poêle

Étape 5 :
- Une fois l'huile bien chaude
- Faire frire des petits galets du mélanger
- Laisser frire de chaque côté quelques minutes

Étape 6 :
- Retirer de l'huile et les déposer sur du sopalin
- Saler et déguster

Prix : 0,93€

Kcal	832
Protéines (g)	27
Lipides (g)	34
Glucides (g)	105
Portion (g)	580

Gâteau salé

2 – 4 Personnes 60 min

Ingrédients :
- 4 œufs
- 250g de farine *(ou maïzena)*
- 10cl d'huile d'olive
- 1 sachet de levure
- 12cl de lait

Exemple de garniture :
Vous pouvez utiliser la garniture que vous voulez
- 2 tomates
- 2 carottes
- ½ courgettes
- 100g de champignons

- 250g de poulet rôti

Étape 1 :
- Mettre le four à préchauffer à 180°

Étape 2 :
- Casser les œufs
- Mélanger avec le lait, la farine, la levure, le lait et l'huile d'olive

Étape 3 :
- Couper en morceaux la garniture
- Mélanger le tout ensemble

Étape 4 :
- Mettre dans un moule
- Mettre au four pendant 40 minutes

Étape 5 :
- Laisser refroidir un peu et servir

Étape 6 :
- Déguster

Prix : 3,71€

Kcal	2 227
Protéines (g)	94
Lipides (g)	122
Glucides (g)	188
Portion (g)	1 231

Gnocchis à la tomate

1 Personne   10 min

Ingrédients :
- 450g de gnocchi
- 100g de sauce tomate

Étape 1 :
- Faire revenir 3 – 5 minutes les gnocchis à la poêle

Étape 2 :
- Rajouter la sauce tomate dans la poêle pendant 2 min

Étape 3 :
- Servir et déguster

Prix : 1,46€

Kcal	772
Protéines (g)	16
Lipides (g)	11
Glucides (g)	153
Portion (g)	550

P078

Gnocchis de butternut maison

4 – 6 Personnes 1h30

Ingrédients :
- 400g de pommes de terre
- 300g de butternut
- 1 œuf
- 200g de farine
- Huile l'olive

Epice : Sel, poivre et ail

Étape 1 :
- Laver et éplucher les pommes de terre
- Faire cuire les pommes de terre dans une casserole d'eau bouillante pendant 30 – 40 minutes
- Au bout de 15 minutes, ajouter le butternut dans l'eau

Étape 2 :
- Egoutter et écraser le tout en purée

Étape 3 :
- Mélanger la purée, l'œuf, la farine et les épices
- Pétrisser la pate
- Ajouter de la farine si besoin

Étape 4 :
- Former des petites boulettes

Étape 5 :
- Plongez-les dans de l'eau bouillante
- Une fois que les gnocchis flottent, égouttez-les

Étape 6 :
- Faire revenir 5 minutes les gnocchis avec l'huile

Prix 1,29€

Étape 7 :
- Servir et déguster

Kcal	1 212
Protéines (g)	44
Lipides (g)	18
Glucides (g)	220
Portion (g)	960

P079

Gnocchis en gratin au saumon fumé et chèvre

2 – 3 Personnes 50 min

Ingrédients :
- 500g de gnocchis
- 100g de saumon fumé
- 1 buche de chèvre *(≈180g)*
- 20cl de crème fraiche liquide 3%
- 5cl de miel

Epices : Poivre et ail

Étape 1 :
- Cuire les gnocchis 10 minutes dans de l'eau bouillante

Étape 2 :
- Préchauffer le four à 180°C
- Découper en petits morceaux le saumon
- Découper la buche de chèvre en rondelles

Étape 3 :
- Mélanger le saumon, les gnocchis et la crème fraiche

Étape 4 :
- Disposer les rondelles sur le dessus puis le miel et les épices

Étape 5 :
- Mettre au four 35 minutes

Étape 6 :
- Servir et déguster

Prix : 5,60€

Kcal	2 166
Protéines (g)	78
Lipides (g)	107
Glucides (g)	213
Portion (g)	1 030

Gnocchis de riz

1 – 2 Personnes 30 min

Ingrédients :
- 300g de riz cuit
- 5g de beurre

Étape 1 :
- Mixer le riz déjà cuit

Étape 2 :
- Former des petites boulettes

Étape 3 :
- Avec le beurre, cuire les boulettes jusqu'à qu'elles soient dorées

Étape 4 :
- Servir et déguster

Prix : 0,30€

Kcal	540
Protéines (g)	12
Lipides (g)	15
Glucides (g)	90
Portion (g)	305

P081

Gnocchis poêlés aux champignons

3 – 4 Personnes 20 min

Ingrédients :
- 300g de champignons
- 300g de gnocchis
- 20g de beurre
- Épices : Persil, échalotes, sel et poivre

Étape 1 :
- Faire revenir 5 minutes les champignons avec les épices et le beurre

Étape 2 :
Rajouter les gnocchis
Faire revenir le tout 5 minutes

Étape 3 :
Servir et déguster

Prix : 2,69€

Kcal	570
Protéines (g)	16
Lipides (g)	17
Glucides (g)	98
Portion (g)	610

P082

Gratin d'aubergine et courgette

1 – 2 Personnes 2h

Ingrédients :
- 1 Aubergine
- ½ Courgette
- 220g de tranches de poulet
- 50g de yaourt grec
- 2 mozzarellas allégées *(250g)*

Epices : ail et poivre

Étape 1 :
- Préchauffer le four à 180°
- Couper en fines lamelles l'aubergine et la courgette
- Couper en tranches la mozzarella
- Couper en morceaux les tranches de poulet

Étape 2 :
- Disposer dans cet ordre dans un plat :
    - Aubergine
    - Poulet
    - Courgette
    - Poulet
    - Aubergine
    - Mozzarella
    - Yaourt grec

Étape 3 :
- Mettre au four pendant 1h30 à 2h

Étape 4 :
- Servir et déguster

Prix : 4,28€

Kcal	1 118
Protéines (g)	102
Lipides (g)	58
Glucides (g)	19
Portion (g)	920

P083

Gratin dauphinois

3 – 4 Personnes 1h30

Ingrédients :
- 1 kg de pommes de terre
- 70cl de lait
- 70g de beurre
- 20cl de crème fraiche liquide

Épices : 1 gousse d'ail, poivre et muscade

Étape 1 :
- Laver et éplucher les patates
- Couper en fines rondelles les patates
- Préchauffer le four à 180°C

Étape 2 :
- Hacher finement l'ail
- Porter à ébullition le lait et les épices
- Rajouter les pommes de terre
- Laisser cuire pendant 10 à 15 minutes

Étape 3 :
- Egoutter les pommes de terre
- Placer les pommes de terre dans un plat pour le four

Étape 4 :
- Disposer la crème fraiche et le beurre par-dessus

Étape 5 :
- Mettre au four pendant 1 heure

Étape 6 :
- Servir et déguster

Prix : 2,93€

Kcal	2 206
Protéines (g)	49
Lipides (g)	121
Glucides (g)	229
Portion (g)	1 970g

Gratin de patates douces

3 – 4 Personnes 1h 20

Ingrédients :
- 2 patates douces *(≈500g)*
- 200ml de fromage blanc 0%
- 3 œufs
- Huile d'olive
- Epices : Thym, persil, ail, sel et poivre
- Fromage *(optionnel)*

Étape 1 :
- Préchauffer le four à 180°
- Laver et éplucher les patates douces
- Couper les patates douces en fines tranches

Étape 2 :
- Dans un récipient :
- Mélanger les œufs, le fromage blanc, l'huile et les épices

Étapes 3 :
- Disposer le fromage blanc dans un plat pour le four
- Disposer les tranches de patates douces par-dessus en appuyant bien.
- Ajouter le formage *(optionnel)*

Étape 4 :
- Mettre au four pendant 45 minutes

Étape 5 :
- Servir et déguster

Prix : 2,21€

Kcal	899
Protéines (g)	48
Lipides (g)	19
Glucides (g)	134
Portion (g)	880

Gratin pommes de terre courgette épinards

3 – 4 Personnes

Ingrédients :
- 1kg de pommes de terre
- 1 courgette
- 250g de mozzarella
- 150g d'épinards
- 150g de lardons
- 3 œufs
- 20 cl de lait

Épices : ail, poivre, sésame et thym citronné

Étape 1 :
- Laver et couper en rondelles les pommes de terre et la courgette.

Étape 2 :
- Mettre à cuire les pommes de terre dans le l'eau bouillante pendant 20 minutes

Étape 3 :
- Faire revenir les rondelles de courgette avec les lardons
- Rajouter les épinards vers la fin de la cuisson

Étape 4 :
- Casser les 3 œufs et battez les et rajouter le lait
- Couper la mozza en tranches

Étape 5 :
- Mettre dans le plat pour four dans cet ordre-là :
- La moitié des pommes de terre
- Le mélange de courgettes/épinards/lardons
- L'autre moitié des pommes de terre
- Les œufs battus avec le lait
- La mozzarella
- Les épices

Étape 6 :
- Mettre au four 30 minutes

Étape 7 :
- Servir et déguster

Prix : 4,91€

Kcal	2 406
Protéines (g)	130
Lipides (g)	113
Glucides (g)	218
Portion (g)	2 230

Hachis parmentier étudiant

3 – 4 Personnes ⏳ 40 min

Ingrédients :
- 1 sachet de purée en flocons
- 20cl de crème fraiche liquide
- 500g de viande hachée
- 100g de gruyères
- 1 oignon

Étape 1 :
- Cuire la purée
- Préchauffer le four à 180°C

Étape 2 :
- Couper finement l'oignon
- Faire revenir la viande hachée et l'oignon pendant 5 – 10 minutes
- Rajouter la crème fraiche liquide
- Cuire pendant 5 minutes

Étape 3 :
- Dans un plat pour le four disposer la viande hachée puis la purée puis le gruyère
- Cuire pendant 15 – 20 minutes au four

Étape 4 :
- Servir et déguster

Prix : 6,36€

Kcal	2 389
Protéines (g)	118
Lipides (g)	140
Glucides (g)	164
Portion (g)	1 300

P088

Hachis parmentier de patates douces

3 – 4 Personnes 50 min

Ingrédients :
- 500g de viande hachée 5%
- 1kg de patates douces
- 2 oignons
- 20cl de coulis de tomates
- 100g de gruyère râpé

Épices : poivre et ail

Étape 1 :
- Eplucher les patates douces
- Couper-les en dés
- Cuire dans de l'eau bouillante pendant 20 minutes
- Préchauffer le four

Étape 2 :
- Écraser les patates douces en purée
- Rajouter les épices et mélanger

Étape 3 :
- Couper les oignons

Étape 4 :
- Faire revenir la viande hachée et les oignons
- Rajouter le coulis et mélanger

Étape 5 :
- Disposer la viande hachée dans un plat
- Disposer par-dessus la purée de patates douces puis le gruyère

Prix : 9,31€

Étape 6 :
- Mettre au four pendant 20 minutes
- Servir et déguster

Kcal	2 627
Protéines (g)	130
Lipides (g)	79
Glucides (g)	348
Portion	2kg

P089

Haricots verts à la carbonara

2 – 3 Personnes 15 min

Ingrédients :
- 450g d'haricots verts
- 20cl de crème fraiche
- 1 oignon
- 250g de lardons

Étape 1 :
- Couper finement l'oignon
- Faire revenir les lardons et l'oignon pendant 5 minutes
- Rajouter la crème fraiche

Étape 2 :
- Rajouter les haricots verts
- Laisser cuire 5 minutes

Étape 3 :
- Servir et déguster

Prix : 5,40€

Kcal	2 223
Protéines (g)	66
Lipides (g)	197
Glucides (g)	46
Portion (g)	1,5kg

P090

Jambalaya

3 – 4 Personnes 50 min

Ingrédients :
- 500g de poulet
- 150g de chorizo
- 250g de riz
- 2 poivrons
- 1 oignon
- 4 tomates
- 1 cuillère à soupe de concentré de tomates

Épices : curcuma, cumin et paprika

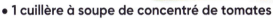

Étape 1 :
- Couper en morceaux le chorizo et le poulet
- Couper finement l'oignon, les tomates et les poivrons

Étape 2 :
- Faire revenir le chorizo et le poulet dans une grande casserole
- Laisser cuire pendant 5 minutes

Étape 3 :
- Rajouter l'oignon, les poivrons et les tomates
- Laisser cuire pendant 20 minutes

Étape 4 :
- Rajouter le riz et les épices
- Rajouter 60cl d'eau
- Couvrir et laisser cuire à feux doux pendant 20 minutes

Étape 5 :
- Rajouter le concentré de tomates
- Mélanger

Étape 6 :
- Servir et déguster

Prix : 7,96€

Kcal	2 179
Protéines (g)	155
Lipides (g)	99
Glucides (g)	167
Portion (g)	1,7 kg

Kritharaki au porc

3 – 4 Personnes ⏳ 20 min

Ingrédients :
- 300g de Kritharaki ou du riz
- 500g de viande pour pita
  (fines lamelles de porc mariné)
- 500g de purée de tomates

Étape 1 :
- Cuire le Kritharaki ou le riz comme sur le paquet

Étape 2 :
- Faire revenir la viande pendant 5 à 10 minutes •
Rajouter la purée de tomates

Étape 3 :
- Laisser chauffer jusqu'à l'obtention d'une sauce semi épaisse

Étape 4 :
- Mélanger le tout

Étape 5 :
- Servir et déguster

Prix : 4,98€

Kcal	2 394
Protéines (g)	179
Lipides (g)	98
Glucides (g)	198
Portion (g)	1 300

Mélange à fajitas

4 – 6 Personnes 20 min

Ingrédients :
- 600g de poulet
- 200g de champignons
- 300g de ratatouille
- 500g d'haricots rouges

Epices : poivre, ail, paprika, piment

Étape 1 :
- Couper les champignons en petits morceaux
- Couper le poulet en petits dés

Étape 2 :
- Cuire le poulet pendant 5-10 minutes

Étape 3 :
- Rajouter dans la cuisson les haricots et les champignons
- Laisser cuire pendant 5 min

Étape 4 :
- Mixer la ratatouille *(optionnel)*
- Rajouter la ratatouille
- Laisser cuire pendant 10min à feu doux

Étape 5 :
- Servir et déguster

Prix : 6,79€

Kcal	1471
Protéines (g)	173
Lipides (g)	49
Glucides (g)	70
Portion (g)	1,6kg

Nuggets à la poêle

1 – 2 Personnes 20 min

Ingrédients :
- 200g de poulet
- 100g Pommes de terre *(précuites)*
- ½ oignon

Épices : gingembre, oignon, poivre, paprika, et ail

Étape 1 :
- Préchauffer le four à 200°

Étape 2 :
- Mixer le poulet, les épices, les pommes de terre et l'oignon

Étape 3 :
- Former des petites pièces
- Panner dans les flocons d'avoine mixés

Étape 4 :
- Mettre au four pendant 15 à 20 minutes à 200°

Étape 5 :
- Servir et déguster

Prix : 1,68€

Kcal	396
Protéines (g)	45
Lipides (g)	14
Glucides (g)	22
Portion (g)	350

Œufs à la basquaise

1 – 2 Personnes 25 min

Ingrédients :
- 4 œufs
- 60g de chorizo
- 1 poivron vert
- 1 poivron jaune
- 200g de tomates cerises
- 1 oignon

Étape 1 :
- Couper les tomates en deux
- Couper finement l'oignon
- Couper le chorizo en fines rondelles

Étape 2 :
- Cuire le chorizo 2 minutes
- Rajouter les légumes
- Cuire pendant 10 minutes en remuant

Étape 3 :
- Mettre à feux doux
- Rajouter les œufs
- Couvrir laisser cuire 5 – 10 minutes

Étape 4 :
- Servir et déguster

Prix : 4,17€

Kcal	745
Protéines (g)	47
Lipides (g)	51
Glucides (g)	25
Portion (g)	850

Œufs cocottes au four

4 – 6 Personnes 20 min

Ingrédients :
- 100g de lardons
- 100g de petits pois
- 6 œufs
- 10cl de crème fraiche liquide

Étape 1 :
- Faire revenir les lardons et les petits pois
- Préchauffer le four à 180°C

Étape 2 :
- Dans des ramequins *(adaptés pour le four)* :
- Disposer un peu de lardons et de petits pois
- Disposer un œuf et complété avec de la crème fraiche

Étape 3 :
- Cuire au bain marie dans le four pendant 15 minutes

Étape 4 :
- Servir et déguster

Prix : 2,47€

Kcal	1 150
Protéines (g)	67
Lipides (g)	92
Glucides (g)	13
Portion (g)	660

Patate douce à l'houmous

3 – 4 Personnes 20 min

Ingrédients :
- 2 patates douces
- 200g de houmous
- Quelques bais de goji ou raisins secs
- Huile d'olive

Étape 1 :
- Laver et couper en lamelles les patates douces *(≈1cm d'épaisseur)*
- Préchauffer le four à 180°C

Étape 2 :
- Badigeonner les lamelles d'huile
- Mettre les lamelles de patates au four pendant 15 minutes

Étape 3 :
- Etaler l'houmous sur les lamelles de patates
- Disposer quelques baies de goji

Étape 4 :
- Servir et déguster

Prix 1,94€

Kcal	1 123
Protéines (g)	25
Lipides (g)	8
Glucides (g)	228
Portion (g)	900

P097

Pates tomate aubergine

3 – 4 Personnes 30 min

Ingrédients :
- 300g de pâtes
- 1 aubergine
- 200g de purée de tomates

Épices : ail et basilic

Étape 1 :
- Cuire les pâtes selon l'indication sur le paquet

Étape 2 :
- Couper finement l'aubergine
- Faire revenir l'aubergine 10 minutes
- Rajouter un fond d'eau
- Laisser cuire 5 minutes

Étape 3 :
- Ajouter la purée de tomates et les pâtes
- Laisser cuire pendant 5 minutes

Étape 4 :
- Servir et déguster

Prix : 1,53€

Kcal	1 292
Protéines (g)	44
Lipides (g)	4
Glucides (g)	269
Portion (g)	750

P098

Pâtes au bœuf tomates

2 – 3 Personnes 20 min

Ingrédients :
- 500g de pâtes complètes
- 500g de steak pelé
- Une dizaines de tomates cerises

Étape 1 :
- Cuire les pates complètes

Étape 2 :
- Couper les tomates en 8
- Couper les steaks en dés

Étape 3 :
- Faire revenir les dés de steaks pendant 5 à 10 minutes
- Rajouter les tomates
- Laisser cuire en remuant de temps en temps pendant 5 minutes

Étape 4 :
- Mélanger le tout

Étape 5 :
- Servir et déguster

Prix : 10,02€

Kcal	2 437
Protéines (g)	214
Lipides (g)	32
Glucides (g)	323
Portion (g)	1200

Pâtes au jambon cru

2 – 4 Personnes 20 min

Ingrédients :
- 300g de pâtes
- 200g de jambon cru
- 2 cuillères à soupe de miel
- 200ml de lait
- 20cl de crème fraiche légère

Épices : ail, gingembre

Étape 1 :
- Couper le jambon et le mixer en gros grains
- Astuce : si vous ne possédez pas de mixeur, prenez votre patience en main et couper en petits morceaux le bloc.
- Rincer les grains de jambon *(plus ils seront rincés, moins le plat sera salé)*

Étape 2 :
- Faire cuire les pâtes

Étape 3 :
- Faire saisir le jambon cru
- Ajouter un peu de poivre, ail en poudre et le gingembre
- Laisser cuire 2min
- Ajouter le lait et le miel
- Laisser cuire jusqu'à que le lait disparaisse quasiment
- Ajouter la crème fraiche et couper la cuisson
- Laisser reposer le temps que le riz termine de cuire

Étape 4 :
- Mélanger les pâtes et le jambon
- Déguster

Prix : 3,98€

Kcal	1788
Protéines (g)	60gr
Lipides (g)	75gr
Glucides (g)	217gr
Portion (g)	1kg

Pâtes au saumon

1 – 4 Personnes 20 min

Ingrédients :
- 2 filets de saumon *(250g)*
- 300g pâtes
- 25g de crème légère semi épaisse
- 15cl de lait
- Muscade ou gingembre
- Citron
- Miel *(en option 2-3 cuillères à café)*

Étape 1 :
- Cuire les pâtes

Étape 2 :
- Saisir le saumon 3-4min tout en le découpant dans la cuisson

Étape 3 :
- Rajouter le lait avec les épices + miel
- Laisser le lait diminuer quasi-totalement

Étape 4 :
- Mettre la crème fraiche
- Couper le feu et laisser 5min hors du feu

Étape 5 :
- Mélanger le saumon et les pâtes

Étape 6 :
- Déguster

Prix : 5,69€

Kcal	3743
Protéines (g)	166
Lipides (g)	49
Glucides (g)	660
Portion (g)	1330

Pâtes au tarama

1 – 2 Personnes — 20 min

Ingrédients :
- 50g de tarama
- 20cl de crème fraiche liquide
- 200g de pâtes

Étape 1 :
- Cuire les pâtes

Étape 2 :
- Mélanger le tarama et la crème fraiche dans une casserole à feu doux pendant 10min

Étape 3 :
- Mélanger le tout

Étape 4 :
- Servir et déguster

Prix : 1,18€

Kcal	1 024
Protéines (g)	14
Lipides (g)	60
Glucides (g)	107
Portion (g)	750

Pâtes au thon

3 – 4 Personnes 20 min

Ingrédients :
- 250g de pâtes
- 220g de thon en boîte
- 70g de concentré de tomates
- 1 cuillère à soupe de miel
- 1 citron

Étape 1 :
- Dans une grande casserole :
- Mettre tous les ingrédients
- Rajouter 80cl d'eau
- Porter à ébullition le tout

Étape 2 :
- Mettre à feu moyen et couvrir
- Laisser cuire 8 à 10 minutes

Étapes 3 :
- Servir et déguster

Prix : 2,83€

Kcal	900
Protéines (g)	70
Lipides (g)	5
Glucides (g)	144
Portion	1kg

P103

Pâtes aux deux courgettes

3 – 4 Personnes 20 min

Ingrédients :
- 1 courgette verte
- 1 courgette jaune
- 300g de pâtes *(natures ou complètes)*
- 100g de champignons
- 8 œufs *(2 par personne)*

Étape 1 :
- Laver et couper en dés les courgettes
- Conseil : vous pouvez garder la peau

Étape 2 :
- Cuire les pâtes selon les indications du paquet Étape

3 :
- Cuire dans une sauteuse couverte les courgettes et les champignons pendant 20 – 30 minutes

Étape 4 :
- Cuire les œufs avec une cuisson mi-mollet

Étape 5 :
- Servir et déguster

Prix : 2,96€

Kcal	1 788
Protéines (g)	109
Lipides (g)	58
Glucides (g)	207
Portion (g)	1 480

Pâtes sauce courge

1 – 2 Personnes 20 min

Ingrédients :
- 1 courge
- 200g de lamelles de poulet
- 400g de pâtes cuites

Epices : paprika, ail, persil et mélange de graines

Étape 1 :
- Couper la courge en deux
- Retirer les graines
- Préchauffer le four à 180°

Étape 2 :
- Mettre un filet d'huile d'olive et les épices sur l'intérieur de la courge

Étape 3 :
- Mettre au four 1h à 1h30

Étape 4 : *(optionnel)*
- Cuire les lamelles de poulet

Étape 5 :
- Creuser la courge et écraser le tout.
- Mélanger avec les lardons

Étape 6 :
- Servir accompagné du riz et déguster

Prix : 3,25€

Kcal	595
Protéines (g)	52
Lipides (g)	3
Glucides (g)	92
Portion (g)	1599

Pâtes saumon avocat

2 – 3 Personnes 20 min

Ingrédients :
- 400g de pâtes
- 250g de saumon
- 1 avocat
- 20cl de crème fraiche légère
  (liquide ou semi-épaisse)

Epices : poivre et ail en poudre

Étape 1 :
- Mettre à cuire les pâtes

Étape 2 :
- Couper l'avocat en deux
- Mettre une moitié dans un mixeur avec la crème fraiche et les épices
- Couper l'autre moitié en morceaux

Étape 3 :
- Faire cuire le saumon 5 – 10 minutes en l'émiettant

Étape 4 :
- Rajouter l'avocat coupé en morceaux

Étape 5 :
- Mettre la sauce et laisser cuire à feu doux pendant 5min

Étape 6 :
- Servir et déguster

Prix : 6,39€

Kcal	3 200
Protéines (g)	110
Lipides (g)	150
Glucides (g)	340
Portion (g)	1650

Pizza aux légumes

1 – 2 Personnes 30 min

Ingrédients :
- 1 pâte à pizza
- 2 tranches de jambon
- 1 boule de mozzarella
- 100g de ratatouille

Étape 1 :
- Mettre la pâte à pizza dans un plat ou sur une plaque
- Replier les bords
- Mettre le four à préchauffer à 180°

Étape 2 :
- Mixer la ratatouille et l'étaler sur la pâte à pizza

Étape 3 :
- Disposer le jambon puis la mozzarella en tranches

Étape 4 :
- Mettre à cuire pendant 15-20 minutes

Étape 5 :
- Servir et déguster

Prix : 2,08€

Kcal	1 165
Protéines (g)	45
Lipides (g)	42
Glucides (g)	152
Portion (g)	530

Pizza rapide – pizza baguette

1 – 2 Personnes 20 min

Ingrédients :
- Une baguette
- 1 boule de mozzarella bufala *(125g)*
- 1 tranche de jambon
- 100g sauce tomates
  ou ratatouille mixée *(meilleure goût)*

Étape 1 :
- Ouvrir le pain et retirer la mie (ou l'écraser)
- Mettre le four à préchauffer

Étape 2 :
- Découper la mozzarella et le jambon en lamelles

Étape 3 :
- Mettre dans l'ordre :
  - Sauce tomate
  - Jambon
  - Mozzarella

Étape 4 :
- Mettre le pain au four pendant 10-20min

Étape 5 :
- Servir et déguster

Prix : 1,59€

Kcal	1091
Protéines (g)	53
Lipides (g)	33
Glucides (g)	146
Portion (g)	515g

Pizza butternut au chèvre miel

2 – 3 Personnes 45 min

Ingrédients :
- ½ **butternut** *(partie du haut)*
- 0,5 buche de fromage de chèvre
- 4 cuillères à café de miel
- Un peu d'huile l'olive

Épices : thym et ail

Étape 1 :
- Éplucher le butternut
- Découper des rondelles de butternut
- Préchauffer le four à 180°C

Étape 2 :
- Sur une plaque pour le four :
- Etaler un peu d'huile d'olive sur chaque tranche
- Mettre la tranche de butternut 25 minutes au four

Étape 3 :
- Couper en rondelles le fromage de chèvre
- Disposer une rondelle de chèvre sur chaque rondelle de butternut
- Disposer du miel dessus et les épices

Étape 4 :
- Mettre au four 15 minutes

Étape 5 :
- Servir et déguster

Prix : 1,60€

Kcal	659
Protéines (g)	17
Lipides (g)	14
Glucides (g)	125
Portion (g)	570g

Pizza pain de mie

1 – 2 Personnes 40 min

Ingrédients :
- Pain de mie sans croûte *(environ 5 tranches)*
- 150g de viande hachée
- 75g de champignons
- 75g de sauce tomates
- 75g de fromage

Étape 1 :
- Cuire la viande hachée et les champignons

Étape 2 :
- Disposer le pain de mie dans une poêle
- Compacté-le bien

Étape 3 :
- Disposer la sauce tomates puis la viande hachée, les champignons et le fromage

Étape 4 :
- Mettre la poêle à chauffer à feu bas/moyen
- Recouvrir la poêle pendant la cuisson
- Laisser cuire 20 – 30 minutes

Étape 5 :
- Servir et déguster

Prix : 2,27€

Kcal	1 058
Protéines (g)	59
Lipides (g)	47
Glucides (g)	99
Portion (g)	525

Pizza protéinée

2 – 3 Personnes 20 min

Ingrédients :
- 400g de poulet
- 2 œufs
- 60g de parmesan râpé
- 2 poivrons
- 1 oignon
- 100g de mozzarella râpée
- 200g de purée de tomates

Epices : sel, poivre et ail

Étape 1 :
- Mixer le poulet
- Préchauffer le four à 180°

Étape 2 :
- Mélanger le poulet mixé, le parmesan, les œufs et les épices.
- Etaler le tout sur une plaque de cuisson
- Mettre au four pendant 10 minutes

Étape 3 :
- Couper l'oignon et le poivron

Étape 4 :
- Etaler la purée de tomates
- Disposer l'oignon et le poivron

Étape 5 :
- Mettre au four pendant 10 minutes

Étape 6 :
- Servir et déguster

Prix : 5,57€

Kcal	1 416
Protéines (g)	146
Lipides (g)	80
Glucides (g)	28
Portion (g)	1 280

Poêlée de poulet à la provençale

2 – 3 Personnes 20 min

Ingrédients :
- 500g d'haricots vert
- 300g de poulet
- Un peu d'huile d'olive

Epices : ail et herbes de Provence

Étape 1 :
- Couper le poulet en petits dés

Étape 2 :
- Mélanger le poulet avec les épices et l'huile l'olive
- Laisser reposer/mariner pendant minimum 1 heure

Étape 3 :
- Faire revenir le poulet 5 à 10 minutes
- Finir la cuisson en rajoutant un fond d'eau
- Laisser cuire jusqu'à qu'il n'y ait plus d'eau

Étape 4 :
- Cuire/réchauffer les haricots verts

Étape 5 :
- Mélanger le tout

Étape 6 :
- Servir et déguster

Prix : 3,98€

Kcal	541
Protéines (g)	71
Lipides (g)	22
Glucides (g)	16
Portion (g)	800

Poireaux à la carbonara

3 – 4 Personnes 20 min

Ingrédients :
- 4 poireaux
- 200g de lardons allégés ou d'émincé de poulet
- 60cl de crème liquide ou de lait
- 4 œufs *(1 par personne)*

Épices : ail, poivre et paprika

Étape 1 :
- Laver et couper en lamelles les poireaux
- Faire revenir les lamelles avec un peu d'huile d'olive dans une sauteuse

Étape 2 :
- Faire revenir les lardons jusqu'à qu'ils soient dorés
- Mettre de coté

Étape 3 :
- Casser les œufs
- Mélanger le blanc œuf avec le lait
- Mettre de côté le jaune

Étape 4 :
- A feu doux, mélanger les poireaux, les lardons et le mélange lait/blanc d'œuf

Étape 5 :
- Servir le tout et disposer le jaune d'œuf par-dessus
- Déguster

Prix : 6,24€

Kcal	931
Protéines (g)	97
Lipides (g)	41
Glucides (g)	44
Portion (g)	1 440

Poke maison

2 – 4 Personnes 30 min

Ingrédients :
- **70g de riz** *(à sushi si possible)*
- **Quelques tomates cerises**
- **½ carotte**
- **½ avocat**
- **70g de saumon**
- **Sésame**

Étape 1 :
- Cuire le riz

Étape 2 :
- Couper la tomate
- Râper la demi-carotte
- Couper en fines lamelles le demi-avocat
- Couper en morceaux le saumon

Étape 3 :
- Disposer le riz puis le reste par-dessus

Étape 4 :
- Servir et déguster

Prix : 2,16€

Kcal	521
Protéines (g)	21
Lipides (g)	30
Glucides (g)	42
Portion (g)	300

Pommes de terre au four

1 – 2 Personnes ⏳ 20 min

Ingrédients :
- 5 petites pommes de terre
- 1 yaourt
- 1 cuillère à café de citron
- 2 cuillères à soupe d'huile d'olive

Épices : ciboulette, basilic, persil, ail, échalote

Étape 1 :
- Préchauffer le four à 180°C
- Laver les patates
- Couper les en deux

Étape 2 :
- Emballer les patates dans de l'aluminium
- Mettre au four pendant 1h

Étape 3 :
- Mélanger le yaourt, l'huile d'olive, le citron et les épices

Étape 4 :
- Disposer les patates dans une assiette avec la sauce
- Servir et déguster

Prix : 0,75€

Kcal	639
Protéines (g)	14
Lipides (g)	21
Glucides (g)	98
Portion (g)	550g

Pommes de terre croustillantes

1 – 2 Personnes 1h

Ingrédients :
- 500g de pommes de terre
- 1 cuillère à café de sucre
- huile d'olive

Epices : paprika, poivre, piment

Étape 1 :
- Laver les pommes de terre

Étape 2 :
- Mettre les pommes de terre dans une casserole d'eau en ébullition pendant 15min

(Jusqu'à qu'on puisse les piquer avec un couteau sans problème)

Étape 3 :
- Préchauffer le four

Étape 4 :
- Sortir les pommes de terre de l'eau
- Disposer-les sur une plaque de four
- Écraser les pommes de terre
- Mettre les épices et le sucre dessus
- Mettre un filet d'huile d'olive

Étape 5 :
- Mettre au four pendant 30-45min *(jusqu'à qu'elles deviennent croustillantes)*

Ou
- Faire revenir à la poêle pendant 20 – 30min

Étape 6 :
- Servir et déguster

Prix : 0,58€

Kcal	427
Protéines (g)	10
Lipides (g)	3
Glucides (g)	94
Portion (g)	500g

Pommes de terre farcies

3 – 4 Personnes 1h 30

Ingrédients :
- 6 grosses pommes de terre
- 150g de champignons
- 150g de dés de jambon
 (Ou poulet rôti/Jambon coupé en morceau)
- 2 œufs
- 20cl de crème fraiche
- 100g de fromage
 (Gruyère ou/et chèvre ou/et mozzarella)
- Persil

Étape 1 :
- Préchauffer le four à 180°
- Cuire les pommes de terre 35 minutes dans de l'eau bouillante
- Creuser-les à l'aide d'une cuillère.

Étape 2 :
- Couper finement les champignons

Étape 3 :
- Mélanger les champignons, dés de jambon, les œufs, crème fraiche et fromage.

Étape 4 :
- Remplir les pommes de terre et mettre dans un plat pour le four

Étape 5 :
- Recouvrir le plat d'aluminium
- Mettre au four pendant 30 minutes

Étape 6 :
- Servir et déguster

Prix : 3,54€

Kcal	1423
Protéines (g)	79
Lipides (g)	120
Glucides (g)	7
Portion (g)	712

Pommes duchesse maison

3 – 4 Personnes 1h20

Ingrédients :
- 1 kg de pommes de terre
- 5 jaunes d'œufs
- 70g de beurre

Épices : sel, poivre et muscade

Étape 1 :
- Laver et éplucher les patates
- Cuire 30 – 35 minutes dans de l'eau bouillante
- Préchauffer le four à 180°C

Étape 2 :
- Écraser les patates en purée
- Rajouter les épices et mélanger

Étape 3 :
- Faire fondre le beurre
- Mélanger la purée, le jaune d'œuf et une partie du beurre fondu

Étape 4 :
- Mettre dans une poche à douille
- Disposer des petits tas de purée en forme de dômes sur une plaque pour le four
- Dorer les petits tas avec un peu d'huile ou de beurre

Étape 5 :
- Faire cuire 40 – 45 minutes au four

Prix : 2,41€

Étape 6 :
- Servir et déguster

Kcal	1 825
Protéines (g)	59
Lipides (g)	92
Glucides (g)	191
Portion (g)	1 370

Porc au caramel (facile)

3 – 4 Personnes 1h

Ingrédients :
- 600g de porc
- 300g de riz
- 2 oignons
- 1 cuillère à soupe de sauce soja
- 1 cuillère à soupe de sauce Nuoc mam
- 2 cuillères à soupe de miel liquide

Épices : poivre et ail

Étape 1 :
- Faire revenir la viande avec les oignons dans une cocotte pendant 5 – 10 minutes

Étape 2 :
- Rajouter les sauces et le miel
- Rajouter 50cl d'eau

Étape 3 :
- Recouvrir et laisser cuire 45 minutes à feu doux

Étape 4 :
- Cuire le riz selon l'indication sur le paquet

Étape 5 :
- Dresser le riz puis disposer le porc par-dessus
- Servir et déguster

Prix : 6,35€

Kcal	4 724
Protéines (g)	310
Lipides (g)	312
Glucides (g)	170
Portion	1,5kg

Poulet au miel et à l'ail

2 – 4 Personnes 45 min

Ingrédients :
- 800g de pilons de poulet ou cuisses
- 10cl de miel
- 5cl d'huile d'olive
- Epices : Ail et poivre

Possible à cuire au four

Étape 1 :
- Mélanger les pilons, le miel, l'huile et les épices dans une marmite/casserole avec un couvercle
- Rajouter un verre d'eau

Étape 2 :
- Laisser mariner minimum 3 heures

Étape 3 :
- Mettre à cuire à feu moyen pendant 40 minutes

Étape 4 :
- Servir et déguster

Prix : 2,51€

Kcal	1 966
Protéines (g)	168
Lipides (g)	106
Glucides (g)	86
Portion (g)	950

Poulet basquaise

2 Personnes 50 min

Ingrédients :
- 2 filets de poulet
- 2 oignons
- 4 tomates
- 2 poivrons rouges
- 3 gousses d'ail
- 3 cuillères à soupe d'huile d'olive
- 140g de riz

Étape 1 :
- Couper finement les oignons et l'ail
- Couper grossièrement les poivrons et les tomates

Étape 2 :
- Faire revenir le poulet 2-3 minutes de chaque coté
- Ajouter les oignons et l'ail
- Laisser cuire pendant 2 minutes

Étape 3 :
- Rajouter les tomates et les poivrons
- Mettre à feux doux
- Laisser cuire pendant 30 minutes

Étape 4 :
- Cuire le riz comme indiqué sur le paquet

Étape 5 :
- Dresser le riz puis le poulet basquaise
- Servir et déguster

Prix : 3,67€

Kcal	1 095
Protéines (g)	57
Lipides (g)	47
Glucides (g)	110
Portion (g)	1,3kg

Poulet coco curry

1 – 2 Personnes 30 min

Ingrédients :
- 1 oignon
- 1 poivron
- 150g de blanc de poulet/dinde
- 20cl de lait de coco
- 180g de riz cuit
(80g de riz cru) ou autre accompagnement
- Quelques raisins secs *(optionnel)*

Epices : curry + piment

Étape 1 :
- Couper l'oignon, le poivron et le poulet en morceaux

Étape 2 :
- Faire revenir l'oignon et le poivron pendant 5 minutes
- Rajouter le poulet avec les épices et faire revenir le tout 10 – 15 minutes

Étape 3 :
- Couper le feu et rajouter le lait de coco
- Mélanger et attendre 2 – 3 minutes

Étape 4 :
- Rajouter le riz et mélanger le tout

Étape 5 :
- Servir et déguster

Prix : 2,03€

Kcal	1 144
Protéines (g)	55
Lipides (g)	54
Glucides (g)	110
Portion (g)	780

Poulet tomate accompagné avec des poivrons

2 – 3 Personnes 20 min

Ingrédients :
- 2 filets de poulet/dinde
- 3 poivrons *(≈500g)*
- 300g de sauce tomates/ratatouille *(petite conserve)*
- Epices divers *(ex : poivre, curry, oignons, ail)*

Étape 1 :
- Mettre du papier cuisson sur le plaque de four
- Disposer les filets dessus

Étape 2 :
- Couper les poivrons en lamelles
- Disposer les lamelles sur la plaque de cuisson

Étape 3 :
- Mettre les épices sur les poivrons
- Mettre la ratatouille sur le poulet
- Astuce : Mixer légèrement la ratatouille

Étape 4 :
- Mettre le tout au four pendant 30-40min à 180°C

Étape 5 :
- Servir et déguster

Prix : 3,28€

Kcal	533
Protéines (g)	80
Lipides (g)	12
Glucides (g)	27
Portion (g)	1000g

Purée de courge

4 – 8 Personnes  2h

Ingrédients :
- 1 grande courge *(4kg)*
- 400g de lamelles de poulet *(optionnel)*
Epices : Ail, poivre et mélange de graines

Étape 1 :
- Couper la courge en deux
- Retirer les graines
- Préchauffer le four à 180°

Etape 2 :
- Mettre un filet d'huile d'olive et les épices sur l'intérieur de la courge

Etape 3 :
- Mettre au four 1h à 1h30

Etape 4 : *(optionnel)*
- Cuire les lamelles de poulet

Etape 5 :
- Creuser la courge et écraser le tout.
- Mélanger avec les lamelles *(optionnel)*

Etape 6 :
- Servir et déguster

Prix : 8,95€

Kcal	1 572
Protéines (g)	132
Lipides (g)	36
Glucides (g)	180
Portion (g)	4 400

Purée pommes de terre-poireaux

2 – 4 Personnes ⏳ 45 min

Ingrédients :
- 500g de pommes de terre
- 3 têtes de poireaux
- 5cl de lait

Étape 1 :
- Eplucher et couper les pommes de terre en gros
- Laver et couper les poireaux en gros

Étape 2 :
- Mettre à bouillir le tout jusqu'à que les pommes de terre deviennent molles.

Étape 3 :
- Mixer les poireaux et écraser les pommes de terre
- Rajouter un peu de lait

Étape 4 :
- Déguster le tout

Prix : 1,69€

Kcal	513
Protéines (g)	16
Lipides (g)	2
Glucides (g)	109
Portion (g)	850

Quiche aux poireaux

2 – 4 Personnes  1h

Ingrédients :
- 1 pâte brisée
- 3 poireaux

(Selon leur taille – Remplir suffisamment la quiche voir étape 2)
- 1 oignon en option
- 1 gousse d'ail ou de l'ail en poudre
- 75g de dés de jambon
- 4 œufs
- 200ml de lait

En décoration : paprika/persil/graines de sésame

Étape 1 :
- Mettre le four à préchauffer
- Mettre la pâte brisée dans le plat
- Replier les bords *(ceux qui sortent du plat)*
- Piquer avec une fourchette le fond de la pâte
- Découper le papier cuisson dépassant de trop

Étape 2 :
- Laver et couper les poireaux en rondelles

(Gardez le haut des poireaux pour la recette de purée)
- Remplir le plat avec la pâte pour obtenir la bonne quantitée de poireaux
- Couper l'oignon et d'ail finement
- Faire saisir les poireaux/oignon/ail dans une poêle puis laisser cuire 5-10min

Astuce : rajouter un fond de verre d'eau pour les rendre plus moelleux

Étape 3 :
- Casser les œufs et les mélanger avec le lait

Étape 4 :
- Mettre les poireaux cuit dans le plat avec la pâte et les dés de jambon
- Rajouter le mélange œufs/lait
- Parsemer de persil/paprika/graines de sésames

Étape 5 :
- Cuire à 180°C pendant 35-40min
- Déguster et apprécier

Prix : 4,43€

Kcal	1 557
Protéines (g)	69
Lipides (g)	82
Glucides (g)	137
Portion (g)	1 148g

Quiche Paysanne

2 – 4 Personnes 20 min

Ingrédients :
- 1 pâte brisée
- 500g de pommes de terre
- 1 oignon
- 20cl de lait
- 3 œufs
- 100g de lardons
- 50g de gruyère

En décoration : Paprika/Persil

Étape 1 :
- Mettre le four à préchauffer
- Mettre la pâte brisée dans le plat
- Replier les bords *(ceux qui sortent du plat)*
- Découper le papier cuisson dépassant de trop

Étape 2 :
- Eplucher et couper les pommes de terre en fines rondelles

(précuites avec le micro-onde 10 minutes avec un fond d'eau dans un récipient adapté recouvert d'un film alimentaire)

Étape 3 :
- Couper finement l'oignon

Étape 4 :
- Casser les œufs et les mélanger avec le lait

Étape 5 :
- Mettre le mélange pommes de terre, lardon, oignons dans la pâte
- Rajouter le mélange œufs/lait
- Parsemer de gruyère et de persil/paprika

Étape 6 :
- Cuire à 180°C pendant 35-40min
- Déguster et apprécier

Prix : 3,09€

Kcal	2 211
Protéines (g)	86
Lipides (g)	109
Glucides (g)	220
Portion (g)	1 360

Quiche saumon épinards et fromage de chèvre

1 – 4 Personnes 1h

Ingrédients :

- 1 pâte brisée
- 4 œufs
- 20cl de lait
- 180g de buche de chèvre
- 230g de saumon
- 200g de feuilles d'épinards

En décoration : Paprika/Persil

Étape 1 :
- Mettre le four à préchauffer
- Mettre la pâte brisée dans le plat
- Replier les bords *(ceux qui sortent du plat)*
- Piquer avec une fourchette le fond de la pâte
- Découper le papier cuisson dépassant de trop

Étape 2 :
- Laver les feuilles d'épinards
- Faire saisir le saumon/épinard dans une poêle puis laisser cuire 5-10min

Étape 3 :
- Casser les œufs et les mélanger avec le lait

Étape 4 :
- Mettre les légumes cuits dans le plat avec la pâte
- Rajouter le mélange œufs/lait
- Rajouter la buche de chèvre coupée en tranches
- Parsemer de persil/paprika

Étape 5 :
- Cuire à 180°C pendant 35-40min
- Déguster et apprécier

Prix : 8,79€

Kcal	2 310
Protéines (g)	138
Lipides (g)	139
Glucides (g)	128
Portion (g)	1 280

Quiche Saumon Brocolis

2 – 4 Personnes 20 min

Ingrédients :
- 1 pâte brisée
(peut être réalisée avec une pâte sans gluten
- 250g de brocolis
- 250g de saumon
- 1 oignon *(en option)*
- 1 gousse d'ail ou de l'ail en poudre
- 3 œufs
- 200ml de lait

En décoration : Paprika/Persil

Étape 1 :
- Mettre le four à préchauffer
- Mettre la pâte brisée dans le plat
- Replier les bords *(ceux qui sortent du plat)*
- Piquer avec une fourchette le fond de la pâte
- Découper le papier cuisson dépassant de trop

Étape 2 :
- Couper l'oignon et l'ail finement
- Faire saisir le saumon et les brocolis dans une poêle puis laisser cuire 10 – 15 min

Étape 3 :
- Casser les œufs et les mélanger avec le lait

Étape 4 :
- Mettre le mélange cuit dans la pâte
- Rajouter le mélange œufs/lait
- Parsemer de persil/paprika

Étape 5 :
- Cuire à 180°C pendant 35-40min
- Déguster et apprécier

Prix : 6,33€

Kcal	1 753
Protéines (g)	96
Lipides (g)	97
Glucides (g)	124
Portion (g)	963

Riz au citron

1 – 2 Personnes ⏳ 20 min

Ingrédients :
- 100g de riz
- 50g de skyr ou de yaourt 0%
- 1 citron
- 2 cuillères à soupe de sirop d'agave ou de miel

Étape 1 :
- Cuire le riz comme indiqué sur le paquet

Étape 2 :
- Râper le citron pour obtenir du zeste de citron

Étape 3 :
- Mélanger le zeste de citron, le sirop d'agave et le yaourt
- Y incorporer le jus de la moitié d'un citron

Étape 4 :
- Mélanger le riz et le mélange au yaourt

Étape 5 :
- Servir et déguster

Prix : 0,48€

Kcal	1 011
Protéines (g)	23
Lipides (g)	4
Glucides (g)	222
Portion (g)	610

Riz au jambon cru

2 – 4 Personnes ⏳ 20 min

Ingrédients :
- 400g de riz *(non cuit)*
- 200g de jambon cru *(en bloc)*
- Un peu d'ail et de la coriandre
- 200ml de lait
- 20cl de crème fraiche légère *(liquide ou semi-épaisse)*

Étape 1 :
- Couper le jambon et le mixer en gros grains

En l'absence d'un mixeur: prendre sa patience en main et couper en petits morceaux le bloc.
- Rincer les grain de jambon *(plus ils seront rincés, moins le plat sera salé)*

Étape 2 :
- Faire cuire le riz

Étape 3 :
- Faire saisir le jambon cru
- Ajouter un peu de poivre, ail en poudre et de la coriandre
- Laisser cuire 2min
- Ajouter le lait
- Laisser cuire jusqu'à ce que le lait disparaisse quasiment
- Ajouter la crème fraiche et couper la cuisson
- Laisser reposer le temps que le riz termine de cuire

Étape 4 :
- Mélanger le riz et le jambon
- Déguster

Prix : 3,97€

Kcal	1788
Protéines (g)	60gr
Lipides (g)	75gr
Glucides (g)	217gr
Portion (g)	1kg

Riz brocolis

1 – 2 Personnes 25 min

Ingrédients :
- 150g de riz
- 250g de brocolis
- 20cl de crème fraiche liquide
- Un peu de jus de citron

Étape 1 :
- Cuire le riz comme indiqué sur son paquet

Étape 2 :
- Dans de l'eau bouillante, cuire les brocolis 15 minutes
- Egoutter les brocolis

Étape 3 :
- Écraser les brocolis avec une fourchette
- Mélanger avec le jus de citron et la crème fraiche liquide

Étape 4 :
- Incorporer le riz et mélanger

Étape 5 :
- Servir et déguster

Prix : 1,11€

Kcal	980
Protéines (g)	12
Lipides (g)	61
Glucides (g)	96
Portion (g)	600

P133

Riz cantonais

3 – 4 Personnes ⏳ 20 min

Ingrédients :
- 200g de riz
- 100g de dés de jambon ou lardon allégés
- 150g de petits pois
- 140g de maïs
- 4 œufs
- 1 oignon

Étape 1 :
- Cuire le riz selon l'indication du paquet

Étape 2 :
- Réaliser des œufs brouillés avec les œufs

Étape 3 :
- Couper finement l'oignon
- Faire revenir les lardons, l'oignon, le maïs et les petits pois pendant 10 minutes

Étape 4 :
- Rajouter tous les ingrédients
- Laisser cuire pendant 5 minutes

Étape 5 :
- Servir et déguster

Prix : 2,93€

Kcal	1 184
Protéines (g)	68
Lipides (g)	36
Glucides (g)	148
Portion (g)	930

Riz courgette et chèvre frais

1 – 2 Personnes ⏳ 20 min

Ingrédients :
- 100g de riz
- 1 buche de fromage de chèvre frais
- 1 courgette
- 100g de lardon
- 1 oignon
- 20cl de crème fraiche épaisse

Étape 1 :
- Cuire le riz comme indiqué comme sur le paquet

Étape 2 :
- Couper finement l'oignon, la buche de chèvre et la courgette
- Faire revenir le tout avec les lardons pendant 10-15 minutes

Étape 3 :
- Mélanger tous les ingrédients

Étape 4 :
- Faire cuire à feu doux pendant 10 minutes

Étape 5 :
- Servir et déguster

Prix : 4,56€

Kcal	1 410
Protéines (g)	41
Lipides (g)	105
Glucides (g)	75
Portion (g)	900g

Riz Tex Mex

3 – 4 Personnes  20 min

Ingrédients :
- **250g de riz**
- **1 patate douce**
- **1 petite boite d'haricots rouges**
- **1 poivron rouge**
- **1 oignon**
- **1 avocat**
- **1 yaourt grecque**
- **Huile d'olive**

Étape 1 :
- Laver la patate douce
- Couper les en frites
- Préchauffer le four à 180°C

Étape 2 :
- Badigeonner les frites d'huile
- Mettre les frites au four pendant 20 minutes

Étape 3 :
- Cuire le riz comme indiqué sur le paquet

Étape 4 :
- Couper finement l'oignon
- Faire dorer dans l'huile l'oignon dans une casserole

Étape 5 :
- Couper l'avocat et le poivron en lamelles

Étape 6 :
- Regrouper et mélanger le tout
- Servir et déguster

Prix : 2,61€

Kcal	2 811
Protéines (g)	108
Lipides (g)	64
Glucides (g)	451
Portion (g)	1 475

P136

Rôti de Porc miel citron

2 – 4 Personnes  2h

Ingrédients :
- **Rôti de filet de porc** *(≈700g)*
- **3 gousses d'ail**
- **2-3 cuillères à café de miel**
- **Poivre, gingembre et citron**
- **Citronnelle ou 2-3 feuilles de laurier**

Étape 1 :
- Eplucher les gousses et couper les en deux
- Faire des incisions dans le rôti
- Disposer les moitiés dans les incisions

Étape 2 :
- Mettre le rôti dans un plat pour le four *(avec couvercle si possible)*
- Mettre les différents épices puis le miel
- Remplir d'eau *(jusqu'au ¾)*

Étape 3 : *(non obligatoire)*
- Faire mariner pendant 2-3 heures minimum *(vous pouvez attendre une nuit)*

Étape 4 :
- Mettre dans un four préchauffer à 180° pendant 1h30

Étape 5 :
- Servir et déguster

Prix : 6,02€

Kcal	1 713
Protéines (g)	195
Lipides (g)	105
Glucides (g)	2
Portion (g)	706g

Salade composée

3 – 4 Personnes 20 min

Ingrédients :
- 1 oignon rouge
- 1 boîte de thon *(≈180g)*
  (nature, à la tomate ou autres)
- 1 boîte d'haricots rouges *(≈250g)*
- 1 boîte de maïs *(≈300g)*
- 1 avocat
- 1 verre de riz *(≈100g cru)*

Étape 1 :
- Cuire le riz comme indiqué sur le paquet

Étape 2 :
Couper finement l'oignon

Étape 3 :
Mélanger le tout

Étape 4 :
Servir et déguster

Prix : 4,43€

Kcal	2 303
Protéines (g)	83
Lipides (g)	54
Glucides (g)	372
Portion (g)	1 089

Salade grecque

1 Personne 15 min

 1

Ingrédients :
- 100g de Kritharaki cuit
  (peut-être remplacé par du riz)
- 125g de mozzarella light ou de la fêta
- 4 à 6 tomates cerises
- 75g de concombre
- 75g de saumon *(en boîte ou frais)*

Étape 1 :
- Couper en dés le concombre, la mozzarella et les tomates
- Emietter le saumon

Étape 2 :
- Mélanger le tout

Étape 3 :
- Servir et déguster

Prix : 2,48€

Kcal	800
Protéines (g)	57
Lipides (g)	28
Glucides (g)	71
Portion (g)	495

P139

Salade légère

1 Personne 5 min

Ingrédients :
- 1 tomate
- 2 gros cornichons
- 75g de chou rouge
- 75g de pousses de soja
- 75g d'émincés de porc
- 20g de salade verte

Étape 1 :
- Couper la tomate, les cornichons, le chou rouge et la salade

Étape 2 :
- Mélanger tous les ingrédients

Étape 3 :
- Servir et déguster

Prix : 1,73€

Kcal	245
Protéines (g)	24
Lipides (g)	12
Glucides (g)	11
Portion (g)	343

P140

Saumon cuit au citron

2 Personnes 2h

Ingrédients :
- 280g de saumon
- 8cl de jus de citron
- Poivre

Étape 1 :
- Enlever la peau du saumon
- Couper le saumon en dés

Étape 2 :
- Mélanger le jus de citron, poivre et le saumon dans un récipient
- Mettre au frigo pendant 2 heures minimum

Étape 3 :
- Servir sans le jus de citron

Étape 4 :
- Déguster

Prix : 5,73€

Kcal	532
Protéines (g)	59
Lipides (g)	30
Glucides (g)	7
Portion (g)	360

Saumon gratiné

2 Personnes ⏳ 25 min

Ingrédients :
- 2 pavés de saumon
- Des flocons d'avoine
- Un peu d'huile d'olive

Epices : paprika, ail et persil

Au four :
Étape 1 :
- Disposer les pavés de saumon sur une plaque de four
- Préchauffer le four à 180°

Etape 2 :
- Mettre les flocons d'avoine et les épices dessus
- Mettre un soupçon d'huile d'olive dessus
- Mettre au four pendant 20min

Etape 3 :
- Servir et déguster

A la poêle :
Etape 1 :
- Disposer les pavés de saumon dans une poêle haute

Etape 2 :
- Mettre les flocons d'avoine et les épices dessus
- Mettre un soupçon d'huile d'olive dessus

Etape 3 :
- Mettre le feu doux
- Mettre un couvercle à la poêle
- Laisser cuire 20 – 30min

Etape 4 :
- Servir et déguster

Prix : 3,57€

Kcal	377
Protéines (g)	39
Lipides (g)	20
Glucides (g)	9
Portion (g)	195

Sauté de butternut

1 – 4 Personnes ⏳ 40 min

Ingrédients :
- 750g de butternut
- 1 oignon
- 1 poireau
- 100g de champignons
- 1 cuillère à soupe d'huile d'olive

Étape 1 :
- Couper l'oignon, les champignons et le poireau en petits morceaux

Étape 2 :
- Retirer la peau du butternut
(à l'aide d'un épluche légume)
- Couper le butternut en petits morceaux

Étape 3 :
- Mettre le tout dans une sauteuse avec un couvercle
- Laisser cuire 30 min en remuant de temps en temps

Étape 4 :
- Servir et déguster

Prix : 2,31€

Kcal	253
Protéines (g)	13
Lipides (g)	2
Glucides (g)	45
Portion (g)	1 050

Soupe de pâtes

2 Personnes 15 min

Ingrédients :
- 200g de vermicelles
- 1 courgette
- 1 carotte
- 1 cube de bouillon

Étape 1 :
- Mettre de l'eau à chauffer avec le cube

Étape 2 :
- Couper en petits dés les légumes

Étape 3 :
- Mettre les légumes à cuire dans l'eau bouillante pendant 5 minutes

Étape 4 :
- Mettre les vermicelles à cuire

Étape 5 :
- Servir et déguster

Prix : 5,84€

Kcal	830
Protéines (g)	30
Lipides (g)	4
Glucides (g)	168
Portion (g)	1000

Spaghettis à la carbonara de brocolis

2 – 4 Personnes 30 min

Ingrédients :
- 250g de spaghettis
- 300g de brocolis
- 100g de lardons
- 20cl de crème fraiche liquide
- 1 oignon

Étape 1 :
- Cuire les **spaghettis selon l'indication du paquet**

Étape 2 :
- Cuire les brocolis 10 minutes dans l'eau bouillante
(Vous pouvez les cuire en même temps que les pâtes)

Étape 3 :
- Couper finement l'oignon

Étape 4 :
- Faire revenir les lardons et l'oignon pendant 10 minutes

Étape 5 :
- Rajouter la crème fraiche avec les lardons
- Cuire pendant 2 minutes

Étape 6 :
- Écraser grossièrement les brocolis

Etape 7 :
- Mélanger tous les ingrédients

Étape 8 :
- Servir et déguster

Prix : 2,75€

Kcal	1 852
Protéines (g)	51
Lipides (g)	87
Glucides (g)	217
Portion (g)	950

Surimi à la crème

2 Personnes 10 min

Ingrédients :
- 8 – 10 batônnets de surimi *(140g)*
- 20cl de crème fraiche liquide

Epices : poivre, noix de muscade et ail

Étape 1 :
- Découper les rouleaux de surimi en tranches

Étape 2 :
- Emietter-les grossièrement

Étape 3 :
- Faire revenir dans un wok / poêle pendant 5 minutes
- Ajouter les épices et la crème à la fin de la cuisson
- Laisser cuire pendant 2minutes

Étape 4 :
- Servir et déguster

Prix : 1,42€

Kcal	860
Protéines (g)	18
Lipides (g)	77
Glucides (g)	24
Portion (g)	365

Surimi à la provençale

2 Personnes 15 min

Ingrédients :
- 8 – 10 rouleaux de surimi par personne
- Herbes de Provence
- Huile d'olive

Étape 1 :
- Découper les rouleaux de surimi en tranches

Étape 2 :
- Emietter-les grossièrement

Étape 3 :
- Faire revenir dans un wok / poêle pendant 5 – 10 minutes
- Ajouter les herbes à mi-cuisson

Étape 4 :
- Servir et déguster

Prix : 1,03€

Kcal	200
Protéines (g)	12
Lipides (g)	8
Glucides (g)	20
Portion (g)	170g

Sushis étudiants

2 – 4 Personnes  1h 30min

Ingrédients :
- 3 feuilles
(feuilles d'algues ou/et riz)
- ½ avocat
- 1 à 2 tranches de jambon
- 0,5 tomate *(en lamelles)*
- ¼ de concombre
- 75g de poulet mariné curry
(Huile d'olive, lait, curry, ail et miel)
- 4 à 5 surimis
- 300g de riz rond
- 10ml de jus de citron
- 20g de sucre

Étape 1 :
- Mélanger le jus de citron avec le sucre et 10 à 20ml d'eau

Étape 2 :
- Cuire le riz comme indiqué sur le paquet
- Après la cuisson laisser le riz refroidir et ajouter le mélange citron, vinaigre et sucre selon la force de goût souhaité

Étape 3 :
- Cuire le poulet dans une poêle
- Mettre de côté

Étape 4 :
- Réaliser les sushis/makis

Pour les makis :
- Disposer la feuille sur un plan de travail
- Disposer le riz cuit puis les lamelles de votre choix et rouler le tout

Pour les sushis :
- Former des pavés de riz et disposer l'aliment de votre choix

Étape 5 :
- Servir et déguster

Prix : 3,21€

Kcal	1 448
Protéines (g)	43
Lipides (g)	10
Glucides (g)	297
Portion (g)	630

Sushis VIP

2 – 4 Personnes 2h

Ingrédients :
- 3 feuilles *(feuilles d'algues ou/et riz)*
- ½ avocat
- 1 tomate *(en lamelles)*
- ¼ de concombre
- 75g de poulet mariné curry *(Huile d'olive, lait, curry, ail et miel)*
- 75g de saumon cru
- 4 crevettes décortiquées
- 75g de thon cru
- 300g de riz rond
- 10ml de jus de citron
- 10ml de vinaigre de riz
- 20g de sucre

Étape 1 :
- Mélanger le jus de citron avec le sucre et 10 à 20ml d'eau

Étape 2 :
- Cuire le riz comme indiqué sur le paquet
- Après la cuisson laisser le riz refroidir et ajouter le mélange citron, vinaigre et sucre selon la force de goût souhaité.

Étape 3 :
- Cuire le poulet dans une poêle
- Mettre de côté

Étape 4
- Réaliser les sushis/makis

Pour les makis :
- Disposer la feuille sur un plan de travail
- Disposer le riz cuit puis les lamelles de votre choix et rouler le tout

Pour les sushis :
- Former des pavés de riz et disposer l'aliment de votre choix

Étape 5 :
- Servir et déguster

Prix : 5,29€

Kcal	1 537
Protéines (g)	40
Lipides (g)	30
Glucides (g)	277
Portion (g)	811

Tacos maison - deux viandes

1 Personne 20 min

Ingrédients :
- 1 cordon bleu
- 2 fajitas
- 100g de viande hachée
- 30cl de crème fromagère
- 75g de frites

Étape 1 :
- Cuire la viande hachée et le cordon bleu
- Cuire les frites

Étape 2 :
- Disposer les fajitas
- Disposer les viandes, les frites et la sauce
- Plier le tout

Étape 3 :
- Plier le tout
- Cuire à la poêle de chaque coté

Étape 4 :
- Servir et déguster

Prix : 3,27€

Kcal	1 207
Protéines (g)	44
Lipides (g)	53
Glucides (g)	147
Portion (g)	415

Tarte tomates champignons

2 – 3 Personnes 45 min

Ingrédients :
- 1 pâte brisée
- 3 tomates
- 2-3 cuillères à soupe de moutarde
- 40g de gruyère
- 100g de champignons *(en lamelles)*
- Poivre

Étape 1 :
- Mettre le four à préchauffer à 180°C
- Mettre la pâte brisée dans le plat
- Replier les bords *(ceux qui sortent du plat)*
- Piquer avec une fourchette le fond de la pâte
- Découper le papier cuisson dépassant de trop

Étape 2 :
- Mettre le plat 10min au four
- Pendant ce temps-là ;
- Laver et couper les tomates/Champignons en tranches

Étape 3 :
- Etaler la moutarde sur la pâte brisée
- Mettre par-dessus les tranches de tomates, les champignons et le gruyère.
- Poivrer

Étape 4 :
- Mettre 30min au four à 180°C

Étape 5 :
- Servir et déguster

Prix : 1,89€

Kcal	1 187
Protéines (g)	31
Lipides (g)	65
Glucides (g)	120
Portion (g)	690g

Wok de canard

2 – 3 Personnes ⏳ 20 min

Ingrédients :
- 300g de champignons de paris
- 350g de canard/magret *(en lamelles)*
- 250g d'haricots verts
- Sauce soja

Épice : poivre et ail

Étape 1 :
- Couper les champignons en tranches

Étape 2 :
- Faire revenir le canard avec la sauce et les épices 5 minutes
- Rajouter un fond d'eau
- Laisser cuire 5 minutes

Étape 3 :
- Ajouter les champignons et les haricots
- Laisser cuire le tout pendant 5 minutes

Étape 4 :
- Servir et déguster

Prix : 8,09€

Kcal	745
Protéines (g)	94
Lipides (g)	37
Glucides (g)	10
Portion (g)	900

Sandwich Brioché saumon œuf brouillé ⏳ 20 min

1 Personne

Ingrédients :
- 2 tranches de pain brioché
- 100g de saumon
- 2 œufs
- 5g de mayonnaise

Étape 1 :
- Faire griller les pains briochés de chaque coté

Étape 2 :
- Réaliser des œufs brouillés

Étape 3 :
- Mélanger les œufs brouillés et la mayonnaise
- Disposer les aliments dans cet ordre :
    - Pain brioché
    - Œufs brouillés + mayonnaise
    - Saumon
    - Pain brioché

Prix : 2,51€

Kcal	583
Protéines (g)	43
Lipides (g)	29
Glucides (g)	37
Portion (g)	305

Sandwich – Le fraicheur

1 Personne 10 min

Ingrédients :
- **Pain classique** *(≈100g | 1/3 d'un pain)*
- **Un filet de poulet** *(≈80-100g)*
- **½ Tomate**
- **Fromage frais**
(≈20g – 1 cuillère à soupe)
- **Concombre** *(30g)*
- **Menthe**

Étape 1 :
- Couper le pain en deux

Étape 2 :
- Cuire le poulet
- Faire saisir le poulet 2 min de chaque coté
- Terminer la cuisson avec un fond d'eau *(cela va le rendre onctueux)*

Étape 3 :
- Remplir le sandwich dans cet ordre :
    - Pain *(du bas)*
    - Fromage frais
    - Poulet
    - Concombre
    - Menthe
    - Tomate
    - Pain *(du haut)*

Étape 4 :
- Déguster

Prix : 1,44€

Kcal	457
Protéines (g)	31
Lipides (g)	11
Glucides (g)	59
Portion (g)	300g

Sandwich – Le basque

1 Personne 5 min

Ingrédients :
- Pain aux noix *(130g – 1/3 de Pain)*
- Menthe
- Fromage de chèvre *(≈30g)*
- Radis noir *(≈35g)*
- Salade
- Jambon fumé ou Viande de grison *(30g – 4 tranches)*
- Mayonnaise / Moutarde

Étape 1 :
- Couper le pain en deux
- Mettre la moutarde sur le pain du bas
- Puis mettre les aliments dans l'ordre suivant :
    - Radis noir
    - Viande de grison
    - Fromage de chèvre
    - Menthe
    - Salade
    - Haut du pain

Étape 2 :
- Déguster

Prix : 2,28€

Kcal	582
Protéines (g)	32
Lipides (g)	23
Glucides (g)	61
Portion (g)	195

Sandwich – Le Poulet Curry

1 Personne 10 min

Ingrédients :
- **Pain complet** *(120g – 1/3 du pain)*
- ½ Tomate
- 1/8 Poivron
- **Filet de poulet** *(≈100g)*
- **Mayonnaise + curry** *(≈25g – 2-3 cuillères à café pour 1 cuillère à café de curry)*
- Salade

Étape 1 :
- Couper le pain en deux

Étape 2 :
- Cuire le poulet
- Faire saisir le poulet 2 min de chaque coté
- Terminer la cuisson avec un fond d'eau *(cela va le rendre onctueux)*

Étape 3 :
- Disposer les aliments dans l'ordre suivant :
  - Pain *(du bas)*
  - Mayo au curry
  - Poulet
  - Poivron
  - Tomate
  - Salade

Étape 4 :
- Déguster

Prix : 1,89€

Kcal	613
Protéines (g)	33
Lipides (g)	29
Glucides (g)	56
Portion (g)	314

Sandwich – Le Rustique

1 Personne 10 min

Ingrédients :
- Pain aux noix
  (≈150g – 1/3 d'un pain)
- Un filet de poulet *(≈80g)*
- ½ Avocat
- ½ Tomate
- Salade
- Fromage frais
  (≈20g – 1 cuillère à soupe)

Étape 1 :
- Couper le pain en deux

Étape 2 :
- Cuire le poulet
- Faire saisir le poulet 2 min de chaque coté
- Terminer la cuisson avec un fond d'eau *(cela va le rendre onctueux)*

Étape 3 :
- Remplir le sandwich dans cet ordre :
  - Pain *(du bas)*
  - Fromage frais
  - Poulet
  - Avocat
  - Tomate
  - Salade
  - Pain *(du haut)*

Étape 4 :
- Déguster

Prix : 2,02€

Kcal	883
Protéines (g)	37
Lipides (g)	49
Glucides (g)	74
Portion (g)	400g

Sandwich – Le Saumon

1 – 2 Personnes 5 min

Ingrédients :
- Pain blanc *(100 - 150g)*
- Saumon fumé *(100g – 3 à 5 tranches)*
- Concombre *(30g)*
- Fromage frais *(≈20g – 1 cuillère à soupe)*
- Un peu d'aneth *(non obligatoire)*
- Jus de citron
- Salade ou épinards

Étape 1 :
- Couper le pain en deux

Étape 2 :
- Remplir le sandwich dans cet ordre :
    - Pain *(du bas)*
    - Fromage frais
    - Saumon
    - Jus de citron
    - Aneth
    - Concombre
    - Salade ou épinards
    - Pain *(du haut)*

Étape 3 :
- Déguster

Prix : 2,81€

Kcal	617
Protéines (g)	35
Lipides (g)	15
Glucides (g)	85
Portion (g)	300g

Sandwich – Le végé

1 Personne 10 min

Ingrédients :
- Pain moelleux *(150g)*
- Houmous *(20g)*
- ¼ de concombre *(90g)*
- 1/3 poivron vert
- 1/3 poivron rouge
- 2 gros cornichons
- Salade
- Jus de citron

Étape 1 :
- Laver les poivrons
- Couper-les finement
- Faire revenir avec un peu d'huile dans une poêle

Étape 2 :
- Couper le pain en deux

Étape 3 :
- Couper en lamelles le concombre et les cornichons

Étape 4 :
- Remplir le sandwich dans cet ordre :
    - Pain *(du bas)*
    - Houmous
    - Concombre
    - Cornichons
    - Poivrons
    - Jus de citron
    - Salade
    - Pain *(du haut)*

Prix : 1,76€

Kcal	495
Protéines (g)	16
Lipides (g)	16
Glucides (g)	94
Portion (g)	390

Sandwich protéiné

1 Personne ⏳ 5 min

Ingrédients :
- 2 tranches de pain protéiné
- 2 tranches de jambon *(80g)*
- 2 tomates cerises
- Quelques feuilles de salade

Étape 1 :
- Faire griller le pain

Étape 2 :
- Disposer les aliments dans cet ordre :
    - Pain
    - Jambon
    - Tomates cerises
    - Salade
    - Pain

Étape 3 :
- Servir et déguster

Prix : 0,97€

Kcal	350
Protéines (g)	31
Lipides (g)	8
Glucides (g)	39
Portion (g)	200

P162

Wraps – L'aimable

1 Personne   ⏳ 5 min

Ingrédients :
- 1 Galette de blé
  (possible avec un galette sans gluten)
- 1 à 2 tranches de jambon
- ½ carotte
- ½ tomate
- Salade *(optionnelle)*

Étape 1 :
- Disposer les aliments dans l'ordre suivant en suivant :
  - Jambon
  - Tomate
  - Carotte
  - Salade

Étape 2 :
- Plier le wrap de cette façon :

Étape 3 :
- Déguster

Prix : 0,48€

Kcal	214
Protéines (g)	19
Lipides (g)	7
Glucides (g)	20
Portion (g)	230

Wraps - Le double poulet - jambon fumé

1 Personne 5 min

Ingrédients :
- 1 Galette de blé
  (possible avec une galette sans gluten)
- Filet de poulet *(≈80-100g)*
- Salade
- 1 tomate
- ½ avocat
- Jambon fumé ou Grison
  (30g - 4 tranches)

Étape 1 :
- Cuire le poulet
- Faire saisir le poulet 2 min de chaque coté
- Terminer la cuisson avec un fond d'eau (cela va le rendre onctueux)

Étape 2 :
- Disposer les aliments dans l'ordre suivant en suivant :
- Filet de poulet
- Avocat
- Tomate
- Salade

Étape 3 :
- Suivre le pliage suivant :

Étape 4 :
- Déguster

Prix : 1,60€

Kcal	493
Protéines (g)	20,3
Lipides (g)	27,3
Glucides (g)	40
Portion (g)	292

Wraps – Le frais

1 Personne   5 min

Ingrédients :
- 1 Galette de blé
(possible avec une galette sans gluten)
- Concombre *(40g – 6 tranches)*
- Menthe
- ½ Tomate
- Fromage de chèvre ou mozzarella *(20g)*
- Jambon cru *(15g)*

Étape 1 :
- Disposer les aliments dans l'ordre suivant en suivant : • Fromage
- Tomate • Concombre •
Jambon cru
- Menthe

Étape 2 :
- Plier le wrap de cette façon :

Étape 3 :
- Déguster

Prix : 0,58€

Kcal	204
Protéines (g)	10
Lipides (g)	10
Glucides (g)	18
Portion (g)	175

Wraps – Le poulet curry

1 – 2 Personnes 20 min

Ingrédients :
- 1 Galette de blé
(possible avec une galette sans gluten)
- Mayonnaise + curry
(≈15g – 2-3 cuillères à café pour 1 cuillère à café de curry)
- Filet de poulet *(≈80-100g)*
- Salade
- Tomate

Étape 1 :
- Cuire le poulet
- Faire saisir le poulet 2 min de chaque coté
- Terminer la cuisson avec un fond d'eau *(cela va le rendre onctueux)*

Étape 2 :
- Disposer les aliments dans l'ordre suivant en suivant :
    - Mayo + Curry
    - Filet de poulet
    - Tomate
    - Salade

Étape 3 :
- Suivre le pliage suivant :

Étape 4 :
- Déguster

Prix : 0,93€

Kcal	469
Protéines (g)	27,8
Lipides (g)	23,3
Glucides (g)	36,5
Portion (g)	277g

Wraps – Le saumon

1 Personne   5 min

Ingrédients :
- 1 Galette de blé
  (possible avec une galette sans gluten)
- Saumon *(≈100g – 3 à 5 tranches)*
- Quelques feuilles d'épinards
- Fromage frais
  (1 cuillère à soupe – 20g)

Étape 1 :
- Disposer les aliments dans l'ordre suivant:
  - Fromage frais
  - Saumon
  - Feuilles d'épinards
  - Saumon

Étape 2 :
- Suivre le pliage suivant :

Étape 3 :
- Déguster

Prix : 2,28€

Kcal	412
Protéines (g)	28,8
Lipides (g)	18,3
Glucides (g)	32,5
Portion (g)	182g

Wraps – Le summer

1 – 2 Personnes 15 min

Ingrédients :
- 1 Galette de blé
  (possible avec une galette sans gluten)
- **Crevettes** *(60g décortiquées)*
- 2 œufs durs
- Mayonnaise *(10g)*

Étape 1 :
- Couper les œufs et les crevettes
- Mélanger le tout avec la mayonnaise
- Mettre le tout dans le wraps

Étape 2 :
- Plier le wrap de cette façon :

Étape 3 :
- Déguster

Prix : 2,01€

Kcal	389
Protéines (g)	31
Lipides (g)	22
Glucides (g)	16
Portion (g)	240

Wraps – Le végan

1 Personne 5 min

Ingrédients :
- 1 Galette de blé
  (possible avec une galette sans gluten)
- ½ Avocat
- Concombre *(40g – 6 tranches)*
- Radis noir *(40g – 6 tranches)*
- Menthe
- ½ Tomate

Étape 1 :
- Découper en rondelles les ingrédients
- Disposer les aliments dans l'ordre suivant :
  - Radis noir
  - Concombre
  - Tomate
  - Avocat
  - Menthe

Étape 2 :
- Suivre le pliage ci-dessous :

Étape 3 :
- Déguster

Prix : 0,72€

Kcal	453
Protéines (g)	9,8
Lipides (g)	26,3
Glucides (g)	42,5
Portion (g)	292

Brownie au chocolat

2 – 4 Personnes 25 min

Ingrédients :
- 150g de chocolat noir + pépites de chocolat
- 100g de compote de pomme
- 75g de farine ou maïzena
- 2 œufs
- Quelques centilitres de lait
- Quelques noisettes concassées *(optionnelle)*

Étape 1 :
- Faire fondre le chocolat
- Préchauffer le four à 180°C

Étape 2 :
- Mélanger tous les ingrédients

Étape 3 :
- Mettre dans un récipient pour le four
- Mettre au four pendant 15 – 20 minutes

Étape 4 :
- Servir et déguster

Prix : 1,94€

Kcal	1 328
Protéines (g)	32
Lipides (g)	65
Glucides (g)	155
Portion (g)	415g

P170

Cake aux pommes

2 – 4 Personnes 50 min

Ingrédients :
- 150g de compote
- 100g de yaourt
- 2 œufs
- 100g de farine *(sans gluten possible)*
- 30g de maïzena
- 1 sachet de levure chimique
- Vanille *(en sachet ou en essence)*
- 2 pommes

Étape 1 :
- Préchauffer le four à 180°
- Laver et éplucher les pommes en petits dés

Étape 2 :
- Mélanger la compote, le yaourt, les œufs, la farine, la maïzena, la levure, la vanille et les dés de pommes

Étape 3 :
- Mettre dans un plat *(beurrer le fond légèrement)*
- Mettre au four pendant 30 – 40 minutes

Étape 4 :
Servir et déguster

Prix : 1,01€

Kcal	1 022
Protéines (g)	36
Lipides (g)	21
Glucides (g)	173
Portion (g)	790

Gâteau de crêpes chocolat – cacahuète

8 – 10 Personnes 20 min

Ingrédients :
- Une dizaine de crêpes *(voir recette crêpes)*
- De la pâte au chocolat ou du nutella
- Du beurre de cacahuète

Si vous avez un beurre de cacahuète trop épais :
- Mettre le beurre de cacahuète 30 secs au micro-onde avec un peu de lait
- Remuer le tout

Étape 1 :
- Disposer les crêpes les unes sur les autres en y disposant le chocolat sur une crêpe sur deux.
- Faire de même pour le beurre de cacahuète

Étape 2 :
- Servir et déguster

Prix : 2,06€

Kcal	2 572
Protéines (g)	81
Lipides (g)	137
Glucides (g)	254
Portion (g)	720

P172

Panna Cotta

2 Personnes 10 min

Ingrédients :
- 20cl de crème fraîche liquide
- 20g de sucre
- 1 feuille de gélatine
- 1 sachet de sucre vanillé
- Confiture/coulis de fruits

Étape 1 :
- Mettre la feuille de gélatine dans un bol d'eau froide
- Mettre la crème, le sucre et la vanille dans une casserole jusqu'à faire frémir le tout.

Étape 2 :
- A l'ébullition, retirer la casserole du feu et ajouter la feuille de gélatine tout en remuant
- Une fois mélangé, verser le tout dans les contenants
- Mettre au frigo pour quelques heures (jusqu'au durcissement de la crème)

Étape 3 :
- Rajouter le coulis/confiture de fruits

Étape 4 :
- Déguster

Prix : 0,84€

Kcal	354
Protéines (g)	3
Lipides (g)	30
Glucides (g)	19
Portion (g)	2x117

P173

Sablés au thé matcha

4 – 6 Personnes 1h 10min

Ingrédients :
- 200g de chocolat noir pâtissier
- 300g de farine
- 120g de sucre
- 150 de beurre ramolli
- 2 œufs
- 3 cuillères à soupe de matcha

Étape 1 :
- Mélanger la farine, le sucre et le matcha

Étape 2 :
- Battre les œufs

Étape 3 :
- Rajouter le beurre et les œufs petit à petit jusqu'à former une boule
(si la pâte est trop liquide, rajouter un peu de farine)

Étape 4 :
- Etaler du cellophane sur le plan de travail
- Réaliser un cylindre avec la pâte et l' entourer avec le cellophane.

Étape 5 :
• Mettre 30min au congélateur pour durcir la pâte

Étape 6 :
• Préchauffer le four à 180°

Étape 7 :
• Sortir la pâte du congélateur
• Retirer le cellophane
• Couper la pâte en rondelles

Étape 8 :
• Mettre au four pour 20 minutes

Étape 9 :
• Faire fondre le chocolat dans un bol *(bien liquide)*

Étape 10 :
• Tremper les biscuits dans le chocolat
• Mettre au frigo pendant 40 min

Étape 11 :
• Servir et déguster

Prix : 3,02 €

Kcal	23 745
Protéines (g)	0
Lipides (g)	0
Glucides (g)	59
Portion (g)	60

Sirop à la menthe maison

8 – 10 Personnes 20 min

Ingrédients :
- 300 feuilles de menthe de chez vous *(avec les tiges)*
- 50cl d'eau
- 500g de sucre

Étape 1 :
- Rincer les feuilles de menthe

Étape 2 :
- Mélanger l'eau, le sucre et la menthe dans une casserole

Étape 3 :
- Mettre à feux doux pendant 10 – 20 min

Étape 4 :
- Mettre dans un contenant sans les feuilles
- Laisser refroidir et mettre au frigo

Étape 5 :
- Servir et déguster

Prix : 0,38€

Kcal	237
Protéines (g)	0
Lipides (g)	0
Glucides (g)	59
Portion (g)	60

Sirop citron kumquat maison

8 – 10 Personnes 20 min

Ingrédients :
- 2 – 3 citrons
- 12 kumquats
- 50cl d'eau
- 500g de sucre

Étape 1 :
- Rincer citrons/kumquats
- Couper les grossièrement

Étape 2 :
- Mélanger l'eau, le sucre et les agrumes dans une casserole

Étape 3 :
- Mettre à feux doux pendant 10 – 20 min

Étape 4 :
- Mettre dans un contenant
- Laisser refroidir et mettre au frigo

Étape 5 :
- Servir et déguster

Prix : 1,18€

Kcal	237
Protéines (g)	0
Lipides (g)	0
Glucides (g)	59
Portion (g)	60

Yaourt Abricot

2 Personnes ⏳ 5 min

Ingrédients :
- **2 abricots** *(ou autre fruit)*
- **100g de fromage grecque (0%)**

Étape 1 :
- Couper finement vos abricots

Étape 2 :
- Disposer la quasi-totalité d'un abricot au fond d'un verre
- Mettre 100g de fromage grecque
- Disposer 2-3 morceaux d'abricots dessus

Étape 3 :
- Servir et déguster

Prix : 0,86€

Kcal	130
Protéines (g)	12
Lipides (g)	4
Glucides (g)	8
Portion (g)	220g

Qui-suis-je ? – Auteur

En tant qu'étudiant en école d'ingénieurs généralistes, je n'avais pas trop de temps pour cuisiner et pourtant je savais l'importance d'une bonne alimentation.

Je me suis donc mis à la recherche des bons plans, des petites astuces et des gains de temps en cuisine. Au fur et à mesure de cuisiner en « mode étudiant » j'ai pu voir mes colocs et amis regarder de plus en plus mes plats envieusement. Leur partager des idées de recettes et des astuces est devenu une évidence.

La conscience de la qualité des aliments impactant notre santé mais forcer à me former dans la nutrition. J'ai donc réalisé un certificat sur la nutrition de Stanford.

Dans mon enfance, j'ai pu apprendre à cuisiner avec ma famille et me « débrouiller » seul. En passant par des erreurs *(du sel au lieu du sucre dans un gâteau)* mais on apprend uniquement en commettant des erreurs. Elles permettent de nous améliorer alors essayer de réaliser des recettes à votre façon petit à petit et vous prendrez encore plus de gout à les faire.

Mathis DAURIAT,

Remerciements

Je tiens à remercier l'ensemble de ma famille, de mes proches et mes amis pour les conseils, les astuces et les idées qu'is m'ont transmises.

Je tiens particulièrement à remercier ma mère pour m'avoir appris certaines notions dès mon plus jeune âge et de m'avoir laissé « Tester des trucs ». Sans oublier la vaisselle que j'ai laissé de côté.

Merci à ma chérie d'avoir été une testeuse *(de son plein gré ou pas forcément)* et de m'avoir épaulé.

Je remercie également les lecteurs d'avoir choisi ce livre et surtout de se faire plaisir avec des recettes saines, faciles, rapides et économiques !

Merci !

Printed in France by Amazon
Brétigny-sur-Orge, FR